흔들리는 날에도
마음은 자란다

일러두기

- 도서는 국립국어원의 표기 규정과 외래어 표기 규정을 따랐습니다. 다만 일부 용어는 입말을 고려하여 쓰였습니다.
- 단행본은 『 』, 글, 노래, 작품, 공연 제목은 〈 〉로 표기하였습니다.

흔들리는 날에도
마음은 자란다

디지현 지음

서툰 나를 보듬는 한자의 위로

지콜론북

서문

먼저, 이 글을 읽기 전에 Millena의 〈Letter〉를 틀어 놓길 권해드려요. 저는 선물을 보낼 때 작은 엽서 한 장이라도 꼭 함께 넣는 걸 좋아합니다. 왜 편지를 쓰는 걸까, 깊이 생각해본 적은 없지만, 함께 편지를 즐겨 쓰는 친구가 이런 말을 해주었어요. "나는 선물에 조금이라도 더 마음을 보태고 싶어서 편지를 써." 그 말을 듣고 문득, 저도 같은 마음이라는 걸 깨달았습니다. 그래서 오늘은, 제 책을 펼쳐준 선물 같은 독자님들께 감사의 마음을 담아 짧은 편지를 남깁니다.

책을 펼쳐준 모든 분께

오늘 하루, 잘 지내고 계신가요?

혹시 '잘 지낸다'라는 말조차 부담스럽게 느껴질 만큼 마음이 힘들지는 않은가요. 제가 드리는 이 말은, '하루하루가 무사히 흘러가고 있다'라는 의미에 가깝습니다. 그러니 너무 무겁게 받아들이지 않아도 괜찮아요.

시간은 잡으려 해도 흘러가고, 빨리 지나가길 바랄수록 더디게만 느껴지기도 하죠. 결국 시간의 속도는, 마음먹기에 달려 있는지도 모르겠습니다. 그래서 기쁜 시간을 보내고 있다면 마음껏 누리시고, 힘든 시간을 지나고 있다면 그 또한 조용히 흘려보내기를 바랍니다.

늘 생각이 많은 저에겐 하루를 살아가는 일이 때로는 너무 복잡하고 버겁게 느껴졌어요. 그 복잡한 마음을 어떻게든 이해해보려고 헤매던 중, 평생 관심 없을 줄 알았던 '한자'에 흥미가 생겼습니다.

혹시 '편지便紙'의 한자 뜻을 알고 있나요? '편便' 자는 '편안하다'는 뜻도 있지만, '용변을 보고 오다'라는 의미도 담고 있다고 해요. 처음엔 고개를 갸웃했지만, 알고 보니 용변을 본 상태가 가장 편안한 상태라는 의미에서 비롯되었다고 하더군요. 그 이야기를 듣고는, 편지라는 게 결국 "잘 먹고 잘 자고, 잘 지내는지" 묻는 가장 소박하고 진심 어린 안부가 아닐까 생각하게 되었습니다.

이처럼 우리가 자주 쓰는 단어의 한자를 하나씩 들여다보면 그 속에 담긴 뜻, 고대의 문자, 조상들의 지혜를 엿볼 수 있어 참 흥미롭습니다. 그리고 거기에 나만의 해석을 덧붙이는 즐거움도 있지요.

사실 저도 한자를 전부 알지는 못해요. 그저 제 마음

을 좀 더 깊이 이해하고 표현하고 싶어서 한 글자씩 천천히 친해져가는 중입니다. 이 엉뚱하고 귀여운 한자들이 여러분께도 작은 호기심이 되기를 바랍니다. 소소한 이야기들을 따라가며 익숙한 단어 속에 숨어 있던 뜻을 새롭게 발견하는 시간이 되었으면 좋겠습니다. 소중한 시간을 내어 이 책을 읽어주셔서 진심으로 감사드립니다.

따뜻한 마음으로,
디지현 드림.

서문 4
책을 펼쳐준 모든 분께 5

1장

시련試鍊이 나를 막을지라도

누구나 마음속에 비밀秘密상자 하나씩은 있다   14
처음 시작始作은 늘 두려운 법   20
불안不安한 마음을 없앨 수 있을까   26
사람이 망각忘却의 동물이라서 다행이야   32
상대방이 나를 무시無視한다고 느낄 때면   38
우울憂鬱은 내 베스트 프렌드   44
남들과 비교比較할수록 나는 작아졌다   50

2장

나를 살게 하는
아주 작은 이유理由들

감사感謝한 마음이 날 살아가게 한다	58
희극喜劇인이 되고 싶었다	64
나는 추억追憶을 먹으며 살아간다	70
그저 위로慰勞가 필요할 때	74
지금은 다정多情함이 능력인 시대	80
나만의 취향趣向을 찾아 삼만 리	86
소원所願을 빌면 이루어질까	92

3장

나의 일상을 지키는
꾸준한 노력努力들

마음이 복잡할 땐 주변 정리整理를 하자	100
부정否定적인 마음과 밀당하기	106
일기日記는 가장 흥미로운 내 삶의 기록	112
하루의 시작과 끝은 인사人事로	118
사랑 표현表現은 가볍게, 모진 표현表現은 무겁게	124
삐뽀삐뽀, 내 마음 구조救助 요청	132
공든 탑을 무너뜨리는 강단剛斷 키우기	138

4장

극복克復할 수 있다는 말이 의심될지라도

위기危機가 기회라고?	146
고민苦悶도 나와 함께 성장한다	152
각성覺醒은 자신을 아는 것에서 시작한다	158
여러해살이 꽃처럼 꺾이지 않는 근기根氣를 지니자	164
자신만의 계절季節은 반드시 찾아온다	170
나는 완벽完璧하지 않기로 했다	176
나에게도 조금은 관대寬大해지기	182

마무리하며   그래, 변하는 게 당연한 거지   186

1장

시련試鍊이
나를 막을지라도

누구나 마음속에
비밀秘密 상자 하나씩은 있다

◆ 비밀 ◆
숨겨서 남에게 알리거나 보이지 말아야 할 일

남몰래 곡식을 숨긴다.

나무가 빽빽하게 들어찬 산엔 비집고 들어갈 틈이 없다.

"사실 비밀인데, 너만 알고 있어."

언제 들어도 이 말은 짜릿하다. 자극적인 것들이 넘쳐나는 세상에서도, 비밀을 듣는 순간의 자극만큼은 그 어떤 짜릿함도 따라올 수 없다. 그래서일까. 비밀은 노래, 영화, 드라마, 책 등 거의 모든 장르에서 빠지지 않고 등장하는 매력적인 소재다. 영화를 볼 때, 작가가 곳곳에 숨겨놓은 인물들의 비밀을 찾아내는 재미는 이루 말할 수 없다. 영화가 끝난 뒤엔, 그걸 알고 있다는 것만으로도 입이 근질근질해진다. 누가 범인인지, 결말이 어떻게 되는지…. 같은 영화를 본 사람끼리만 공유할 수 있는 은밀한 유대감. 그것이 바로 비밀의 힘 아닐까.

'비밀秘密'은 '숨길 비秘'와 '빽빽할 밀密'로 이루어진다. '비秘'는 곡식을 뜻하는 '벼 화禾'와 발음을 나타내는 '반드시 필必'이 결합된 글자다. 소리와 뜻이 어우러진 형성자로, 먼 옛날, 누군가 세금을 피하려고 곡식을 몰래 감추는 풍경이 떠오른다. 무언가를 몰래 숨기는 마음, 어쩌면 그것이 비밀의 시작이었을지도 모른다.

'밀密' 자는 나무가 빽빽하게 들어찬 산을 의미하는 '뫼 산山'에 발음 역할을 하는 '성씨 복宓' 자가 합쳐진 글자다. 틈 없이 촘촘한, 숨겨진 세계를 의미한다.

이처럼 비밀은 단순히 감추는 것을 넘어, 들키지 않도록 조심스럽게 감춰야 할, 소중하고 중요한 무언가를 말한다. 그래서일까, 비밀을 공유하는 순간은 마치 꽁꽁 잠가둔 곡식 창고를 누군가에게 열어 보이는 것처럼 서로에 대한 신뢰를 나누는 특별한 경험이 된다.

어릴 땐 누군가의 비밀을 얼마나 아느냐가 그 사람과의 친밀도를 가늠하는 기준이 되곤 했다. 하지만 나이가 들수록, 그 비밀은 점점 무거워진다. 내 마음이 가벼워지면, 반대로 누군가의 마음이 무거워질 수도 있다는 걸 알게 됐기 때문이다. 그래서 요즘은 마음속에 비밀을 조용히 담아두는 일이 많아졌다. 사실 내 마음속에도, 그 누구에게도 열어 보인 적 없는 비밀 상자가 있다. 그 상자는 시간이 지날수록 커지고, 무거워진다. 나의 이야기로 이미 가득 차서, 다른 사람의 비밀을 담을 자리가 부족할 때도 있다. 가끔은 그런 나 자신이 솔직하지 못한 사람처럼 느껴져서 양심에 찔릴 때도 있다. 그럼에도 상자를 쉽게 열 수 없는 이유는, 사소해 보이는 비밀조차 누군가에겐 꽁꽁 감춰두고 싶은 이야기일 수 있기 때문이다.

그래도 오늘만큼은 이 글을 읽는 당신과 조금 더 가까워지고 싶은 마음에 용기를 내어 나만 간직하고 있던 오래된 비밀 하나를 꺼내보려 한다. 초등학교 시절이었다. 입만 있으면 악기가 되는 비트박스의 매력에 빠져, 남몰래 비트박스 인터넷 카페에 가입해 혼자 열심히 연습을 시작했다. 집에 돌아오면 거울 앞에서 침을 튀겨가며 '북치기 박치기'를 반복하던 나.

하지만… 소질은 없었다. 비트박스에서 기본적인 세 가지 소리에는 킥Kick, 하이햇Hi-hat, 그리고 가장 어려운 스네어Snare가 있다. 그중에서도 스네어는 입으로 공기를 빨아들이며 내는 소리인데, 처음엔 흉내조차 낼 수 없었다. 하지만 시간이 지나면서 아주 조금, 비슷한 소리가 나기 시작하자 나도 모르게 뿌듯해졌다.

그럼에도 거울 속 내 모습은 낯설고 부끄러웠다. 입을 이상하게 비틀고 침 튀기며 혼자 열정적으로 연습하는 모습이 너무나 흉물스럽게 느껴졌다. 결국, 그 시절의 열정은 깊숙한 마음속 상자에 고이 묻어두었다. 지금 생각해도 얼굴이 붉어지는 흑역사지만, 오늘만큼은 꺼내본다. 마음이 후련해질 줄 알았는데 오히려 더 벌거벗은 기분이 드는 걸 보니, 내가 왜 이 비밀을 숨겼는지 다시금 깨닫는다. 그럼에도 우리 사이가 조금 더 특별해질 수 있다면 이 정도 부끄러움은 기꺼이 감수하겠다.

혹시 "뭐야, 별것도 아니잖아?"라고 생각할 수도 있겠다. 하지만 나에게는 결코 꺼내기 쉽지 않았던, 소중한 이야기였다.

그러니 제발….
쉿! 이건 당신과 나만의 비밀이다. 비밀 상자에 고이고이 담아 두시길.

**마음 깊숙이 묻어 놓은
당신의 비밀은 무엇인가요?**

처음 시작始作은 늘 두려운 법

◆ 시작 ◆
어떤 일이나 행동의 첫 과정을 이루거나 처음으로 생겨남

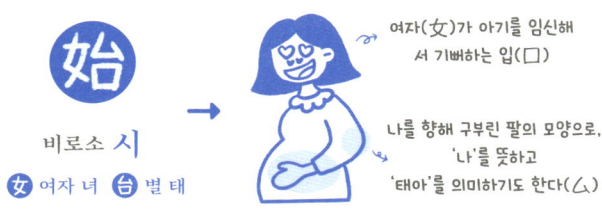

태초의 시작은 여자의 잉태로부터 시작되었다.

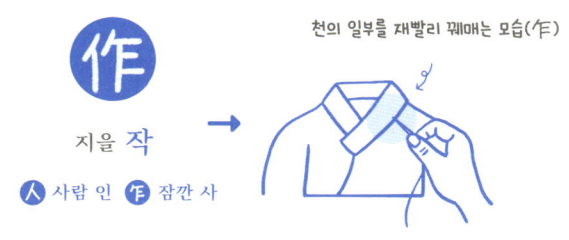

사람이 무언가를 짓거나 만들다.

콩으로 만든 음식은 웬만하면 다 좋아하는 나지만, 이상하게도 낫토만큼은 도저히 손이 가지 않았다. 꼬릿꼬릿한 청국장 향도 즐기며 맛있게 먹는 나인데, 낫토만 생각하면 콧물처럼 미끈한 질감과 특유의 냄새가 겹쳐져, 시도조차 해보고 싶지 않았다. 맛있게 먹는 사람들을 보면 '흠, 나도 분명 좋아할 것 같은데' 싶으면서도, 입에 넣자마자 바로 뱉을 것 같다는 생각이 더 커서 결국 입도 대지 않았다.

그러던 어느 날, 문득 '낫토 먹는 것에 도전해 볼래!'라는 생각이 들었다. 슈퍼에서 낫토 한 박스를 호기롭게 사다 냉장고에 넣어두었다. 하지만 도무지 손이 가지 않았다. 유통기한이 임박할 때까지 그대로 두었다가, 한 박스나 사다놓은 게 아까워 다시 냉장고 문을 열었다.

에라, 모르겠다!

뚜껑을 열고 안에 들어 있던 간장과 겨자를 넣고 휘휘 저었다. 콩들이 미끌거리는 모습을 보고는 인상을 찌

푸렸지만, 눈을 흐리게 감고 푹 떠서 입에 넣었다.

　으악. 예상대로 미끌미끌한 식감이 먼저 느껴져 기분이 나빴지만, 이게 웬일인가. 청국장보다 향은 덜 자극적이고, 고소한 맛이 오히려 내 입맛을 사로잡았다. 그렇게 나는 하루아침에 '낫토 사랑꾼'이 되어버렸다. 절대 못 먹을 것 같던 그 모습은 온데간데없고, 이젠 없어서 못 먹는다. 생각해보면 한입만 넣어봤어도 내가 좋아할지 싫어할지 금방 알 수 있었을 텐데, 그 시도조차 하지 않았던 예전의 내가 참 웃겼다.

　'시작始作'은 '비로소 시始'와 '지을 작作'이 합쳐진 말이다. 전통적으로는 단순히 '처음'이나 '시작'이라는 뜻이지만, 문학적 해석에 따르면 '시始' 자는 '여자 녀女'와 '별 태台' 자로 이루어져 있다. 여기서 '별 태台'는 '기쁠 이怡'로 해석되기도 하며, 안에 들어 있는 '사사 사ム'는 팔을 자기 쪽으로 구부린 모양으로 '사사롭다', 즉 '개인적인 것'을 뜻한다고 한다. 또 '입 구口'는 웃고 있는 엄마의 입, 혹은 자궁을 상징한다고도 한다. 이러한 해석을 따라가다 보면 '시始' 자 안에는 '자궁 안에 있는 태아'라는 이미지가 담겨 있고, 태초의 시작이 여성의 잉태로부터 비롯된다는 의미가 숨어 있다. 그야말로 '비로소', '처음', '근본'을 상징하는 글자인 셈이다.

'작作' 자는 '사람 인人'과 '잠깐 사乍'로 이루어져 있다. '잠깐 사乍'는 원래 바늘로 천을 꿰매는 모습에서 유래했으며, 짧은 시간 동안 무언가를 만들어내는 모습을 표현한다. 그래서 '작作' 자에는 '사람이 무언가를 만든다', 즉 '창작하다', '짓다'의 뜻이 담겨 있다. 이처럼 시작始作은 곧 무언가를 처음으로 만들다, 행동을 처음으로 한다는 의미를 가진다.

나는 이 단어를 내가 태어나 무언가를 만들어가는 과정으로 해석하고 싶다. 지금의 나는 여태 내가 용기를 내어 시작했던 수많은 일들이 모여 만들어졌다. 나는 늘 시작이 두려웠다. 실패하면 어쩌지? 잘못되면 어떡하지? 늘 그런 걱정이 앞섰다. 실패에 대한 두려움은 쉽게 사라지지 않는다. 잘하고 싶은 마음이 크다 보니 그만큼 실망

감도 크다. 살아오며 의도했든 의도하지 않았든 수많은 '처음'을 겪어왔다. 오늘 아침 눈을 뜨는 순간부터가 하루의 시작이고, 입학, 전학, 새로운 친구와의 만남, 새로운 직장에서의 첫 출근, 결혼과 가정이라는 새로운 세계에 발을 들이는 것까지. 그 모든 것이 일종의 시작이었다.

그리고 생각보다 나는 꽤 잘 해냈다. 물론 내 뜻대로만 되지는 않았지만, 직접 부딪혀 보며 경험이 쌓였고, 그 경험은 나를 단단하게 만들었다. 같은 상황이 다시 닥쳤을 땐 더 현명하게 선택할 수 있는 힘이 생겼고, 내가 무엇을 좋아하고 무엇을 잘할 수 있는지도 조금씩 알아가고 있다. 삶에는 정답이 없다고 생각한다. 하지만 그럼에도 잘 살아내고 싶다. 그래서 앞으로도 용기 내어 시작한 일들을 밑거름 삼아, 수많은 시행착오를 겪고, 그 속에서 나만의 정답을 만들어 가고 싶다.

그래, 맞는지 틀리는지는 해 봐야 알지.
그러니, 그냥 시작하자.

**마지막으로 두려움을 무릅쓰고
무엇을 시작한 순간이 언제였나요?**

불안不安한 마음을 없앨 수 있을까

◆ 불안 ◆
마음이 편하지 않으며 뒤숭숭함

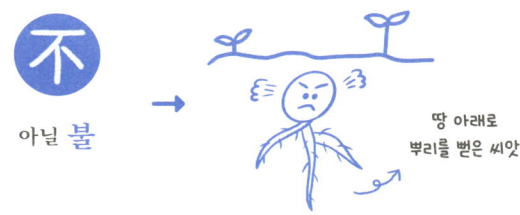

아닐 불

땅 아래로 뿌리를 뻗은 씨앗

땅 밖으로 아직 모습을 드러내지 못한 상태.

편안 안

宀 집 면 女 여자 녀

지붕 (宀) 아래 차분히 자리에 앉아 있는 여자(女)의 모습

집 안에 앉아 있으니 편안하다.

불안한 마음을 없애는 방법을 아느냐고 묻는다면, 나는 양옆으로 격하게 고개를 흔들며 대답할 것이다. "아니요. 저도 제발 좀 알려주세요." 한 번 불안에 사로잡히면, 그 순간만큼은 내게 어떤 정답도 떠오르지 않고 온몸이 멈춰버린 채 걱정 인형이 되어버린다.

나는 내 불안이 단지 일시적인 감정이 아니라, 태어날 때부터 가지고 태어난 기질이라고 생각해 왔다. 어릴 적, 엄마가 삼 남매를 데리고 버스를 타고 내릴 때마다 늘 같은 장면이 반복됐기 때문이다. 엄마의 손은 두 개뿐인데, 우리는 세 명. 그러니 엄마는 "이제 내려!" 하고 말로만 외칠 수밖에 없었다. 그런데 내 여동생은 아직 도착도 안 했는데 벌써 계단에 발부터 내밀고 있었던 반면, 나는 버스가 완전히 멈출 때까지 고사리 같은 손으로 버스 기둥을 꽉 붙잡고 있었다. 생각이 단순했을 어린 시절에도, 안전하지 않다는 생각이 들면 한 발자국 떼는 것조차 힘들었던 것이다.

막내는 어리니까 업어야 했고, 나머지 둘 중 한 명은

먼저 내리고, 한 명은 움직이지 않고…. 중구난방으로 움직이는 우리 때문에 진땀을 빼는 엄마를 보면서 큰딸인 나라도 엄마 마음처럼 행동하고 싶었지만, 조심성 많은 내 성격 때문에 쉽게 몸이 움직여지지 않았다. 세 살 버릇 여든까지 간다고 했던가. 지금도 누가 "건너!" 하고 말해도 내 눈으로 차가 오는지 확인하지 않으면 절대 길을 건너지 않는다.

버스 한 번 내리는 것도, 길 하나 건너는 것도 불안해하던 내가 다른 일들 앞에서는 얼마나 많은 걱정을 할지, 굳이 말하지 않아도 알 수 있을 것이다. 내 안의 걱정 인형을 아는 사람들은 나에게 말한다. "너 진짜 피곤하게 산다." 맞다. 나도 안다. 정말 피곤하다. 그런데 누가 말린다고 해서 불안한 생각이 멈춰지진 않는다. 생각하지 않으려 하면 할수록 오히려 더 또렷하게 떠오른다.

'불안不安'은 '아닐 불不' 자와 '편안 안安' 자가 합쳐진 단어다. 고대 문자의 해석에 따르면, '불不'은 씨앗이 땅 밖으로 아직 모습을 드러내지 못한 상태에서 유래됐다.

아직 자라지 못한 상태. 그래서 '아직', '못하다', '아니다'라는 의미를 담고 있다. '안安' 자는 '집 면宀'과 '여자 녀女'가 결합된 글자로, 집 안에서 차분히 앉아 있는 여성의 모습을 나타내며 '편안하다', '안정되다'라는 뜻이다. 결국 불안은 아직 일어나지 않은 일에 대해 걱정하거나 불편한 상태를 의미한다. 말 그대로, 마음이 편치 않고 뒤숭숭한 상태이다.

나를 괴롭히는 건 결국 아직 일어나지 않은 일들이다. 더는 머릿속에서만 존재하는 상상으로 내 몸과 마음을 괴롭히고 싶지 않다. 어떤 일이든 온전한 행복을 느껴본 적이 없다. 무언가 일이 생기면 내 머릿속은 불안한 상상들로 불길처럼 타오르고, 그 불을 끄기 위해 여러 상황을 대비하느라 잠도 못 자고 밤새 머릿속에서 시뮬레이션을 돌린다.

'만약에 잘못된다면?'
'만약에 이런 일이 생기면 어쩌지?'

그래서 정말 중요한 날에도 체력은 바닥나고, 밤새 떠올린 멋진 아이디어조차 피곤한 정신에 흘려버리기 일쑤였다. 아름다운 색을 만들려고 형형색색의 물감을 섞다 보면 결국 검은색이 되듯, 마음을 편하게 하려 했던 '만약'은 결국 나를 더 깊은 불안으로 물들여버렸다. 그리고 우려했던 나쁜 상황이 일어나지 않고 좋은 결과가 나온다고 해도, 이미 검게 물든 마음은 온전한 기쁨으로 회복되기 힘들다.

물론, 아무런 준비 없이 상황을 맞이하는 것보다 미리 대비하는 건 좋은 일이다. 하지만 머릿속에서 휘몰아치는 상상들에 휘둘려 마음까지 갉아먹고 싶지는 않다. 아무리 많은 상황을 떠올려도, 결국 일어날 일은 일어나고 대다수는 아예 일어나지도 않기 때문이다. 불안한 마음을 완전히 없앨 수 있을까? 아마도 아닐 것이다. 하지만 불안이라는 단어처럼 아직 일어나지 않은 일이라고 생각하면, 조금은 마음이 가벼워질 수 있지 않을까? 내 머릿속의 '만약'은 대부분 현실이 아니고, 그냥 상상이라는 사실이 얼마나 다행인가.

**불안이란 감정은
당신에게 무엇을 말해주고 있나요?**

사람이 망각忘却의 동물이라서 다행이야

◆ 망각 ◆
한 번 기억했던 것을 깨끗이 잊어버림

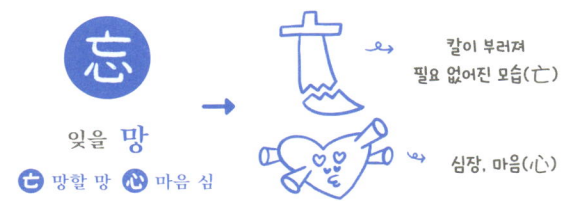

잊을 **망**

亡 망할 망   心 마음 심

생각이 사라지다, 마음에서 멀어지다.

물리칠 **각**

卩 병부 절   去 갈 거

무릎을 꿇은 자세로 뒤로 한 걸음씩 물러서다.

오늘은 어디에 피가 묻어 있지?

'피가 묻어 있다'는 말이 섬뜩하게 들릴 수도 있다. 하지만 몇 년 전까지만 해도, 매일 아침 눈을 뜨면 가장 먼저 떠오르는 생각이었다. 7살 무렵부터 나를 괴롭혀온 아토피는 매일 밤, 참을 수 없는 가려움으로 내게 고통을 안겼다. 나는 악을 쓰며 긁고, 피를 흘리고, 울부짖은 끝에야 겨우 잠들 수 있었다. 중학생이 된 뒤에는 학교에서 돌아오면 굳은 진물이 엉겨 붙은 손수건을 목에서 떼어내는 것이 일상이었다.

부모님은 한약부터 양약까지, 안 먹여본 약이 없을 정도로 나를 위해 애써주셨지만 아토피는 좀처럼 나아지지 않았다. 오히려 약 부작용으로 몸은 점점 부풀어 올랐고, 덩치는 커져만 갔다. 그렇게 끝도 없는 고통의 나날을 보내던 중, 결국 '국내 최고'라는 대학병원에서 항생제 주사를 다리에 다섯 대씩 맞는 치료를 받았다. 그 덕분에 주사 공포증을 얻었지만, 다행히 급한 불은 끌 수 있었다. 약의 힘으로 일상은 가능해졌지만, 내 피부는 늘 상처투성이였다. 그래서 한여름에도 반팔 한번 제대로 입지 못했다. 멋은커녕 계절과 상관없이 긴 옷만 입어야 했던 나 자신이 너무 싫었다. 내 유년기와 청소년 시절은 그야말로 아토피와의 전쟁이었다.

하지만 끝이 없을 것 같던 전쟁에도 숨 쉴 틈은 있었다. '무너진 하늘에도 솟아날 구멍이 있다'는 말처럼, 성인이 된 후 한 대학 친구의 소개로 집 근처에 있는 작은 피부과를 찾게 되었다. 거기엔 천사 같은 의사 선생님이 계셨다. 예쁘고 싶은 나이였던 내가 안타까우셨는지, 매번 바쁜 와중에도 내 피부 상태를 세심히 살펴주셨고, 작은 포스트잇에 빼곡히 적어주신 치료법과 주의 사항은 그야말로 한 줄기 희망이었다.

그분 덕분에 병에 대한 이해가 생겼고, 아토피를 다루는 법을 배울 수 있었다. 지금은 약 없이도 어느 정도 아토피를 관리할 수 있게 되었다. 나는 결국 아토피는 '없애는 병이 아니라 다루는 병'임을 깨닫게 되었다. 지금도 여전히 이 전쟁은 휴전 중이다. 하지만 그 지독한

간지러움은 이제 내 삶에서 한 발 물러나 있다. 아토피가 극심했던 시절을 떠올리며 기억 저편에 묻어둔 지난 20년을 꺼내보니, 그 시절의 마음들이 물밀 듯 밀려와 목이 메었다. 글을 쓰는 손이 자꾸 멈췄다. 그때의 고통을 매일 떠올리며 살아갔다면 나는 지금처럼 웃으며 살아갈 수 있었을까? 그런 생각을 하니, '망각'이 얼마나 축복인지 새삼 느껴졌다. 한동안 나는 망각을 부정적으로만 받아들였다.

망각忘却은 '잊을 망忘'과 '물리칠 각却'으로 이루어져 있다. '망忘' 자는 깨진 칼을 의미하는 '망할 망亡'과 심장의 모양을 본뜬 '마음 심心'이 결합된 글자다. 즉 생각하는 마음이 사라진다는 뜻이다. '각却'은 무릎 꿇은 모양의 '절卩'과 문을 향해 나아가는 사람을 뜻하는 '거去'가 합쳐져 물러난다는 의미를 갖는다. 결국 망각은 기억에서 물러난다, 그 마음을 흘려보낸다는 뜻을 품고 있다.

그 뜻을 알고 나니 나는 망각하는 것이 그저 고마워졌다. 우리 뇌가 나를 보호하기 위해 스스로 지워낸 아픔의 기억들인 셈이다. 컴퓨터조차 원활히 작동하려면 휴지통을 비워야 하듯, 우리 뇌도 살아가기 위해 잊음을 선택한 건 아닐까. 누구나 한 가지쯤은 가슴 찢어지는 기억을 안고 살아간다.

그럼에도 우리가 웃으며 살아갈 수 있는 이유 중 하나는, 아마도 바로 이 망각 덕분일 것이다. 고통의 순간을 지나 시간이 흐른 뒤 담담히 이야기할 수 있게 되는 것, 그것은 아픔을 잊었기 때문이다. 나 역시 아토피로 인한 절망의 감정을 잊지 못했다면, 여전히 두려움 속에 갇혀 살고 있었을 것이다.

예전엔 고통 속에서 "힘들지 않을 만큼만 아프게 해주세요"라고 소원을 빌곤 했다. 이제는 이렇게 소원을 바꾸고 싶다.

"잘 살아갈 수 있도록, 견딜 수 있을 만큼만 기억하게 해주세요."

**잊지 못해 고통스러웠던 기억,
지금은 얼마나 희미해졌나요?**

상대방이 나를
무시無視한다고 느낄 때면

• 무시 •
대상의 존재 의의 혹은 가치를 알아주지 않거나 없는 것처럼 여김

신 앞에서 무아지경으로 춤을 추는 무당.

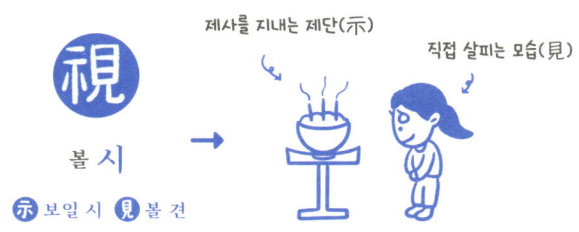

제사상이 잘 차려져 있는지 살펴보다.

나에게는 '무시'라는 단어에 유난히 민감하게 반응하는 감정의 지점이 있다. 그 감정이 자극되는 순간, 마음속에서 걷잡을 수 없는 분노가 치솟는다. 상대방이 무심코 던진 말 한마디에도 상처받지 않기 위해, 내 안에서는 뾰족한 가시들이 돋아나며 방어 태세를 갖춘다. 날이 선 내 모습을 보고 상대방은 되레 "왜 이렇게 예민해?"라며 나를 탓하기 바쁘다. 기분을 상하게 만든 건 그인데, 뻔뻔하게 책임을 돌리는 모습에 괘씸함이 치민다.

시간이 지나 뾰족했던 마음이 조금 무뎌질 무렵이면, 나도 모르게 스스로를 탓하게 된다. 내가 너무 예민했나? 무시당할 만한 행동을 한 걸까? 그렇게 자꾸 나를 돌아보게 된다. 신기하게도 그런 날엔 마치 휴대폰과 내 머리가 연결된 것처럼, 알고리즘에 '무시'에 관한 영상들이 잔뜩 뜬다. 하나둘 훑어보니 대부분이 당당해지기, 상대에게 의사를 정확히 전달하기, 약해 보이지 않기 등 무시를 당한 사람의 태도를 바꾸라는 이야기뿐이다. 왜 항상 나만 돌아봐야 하는 걸까? 그 말들이 전혀 귀에 들어오지 않곤 했다.

'무시無視'는 '없을 무無'와 '볼 시視'로 이루어진 단어다. 고대 한자의 해석에 따르면, '무無'는 두 손에 깃털을 들고 발이 보이지 않을 정도로 춤을 추는 여인을 형상화한 글자이다. 이는 신 앞에서 무아지경으로 춤을 추는 무당처럼, 넋이 나가 제정신이 아닌 상태를 나타내며 '없다', '아니다'의 뜻을 가진다. '시視'는 제단의 모양인 '보일 시示'와 눈을 뜻하는 '볼 견見'이 결합된 글자다. 이는 제사상을 유심히 살펴보는 모습으로 해석할 수 있으며 '보다', '살펴보다', '조사하다'의 의미를 담고 있다.

제사가 중요한 시대에는 제사상을 제대로 보는 것, 즉 정성스럽고 진심을 다해 마주하는 태도가 곧 예의이자 존중의 표현이었다. 그런 맥락에서 제사상을 제대로 보지 못하거나 무심히 대하는 모습은 단순한 실수가 아닌, 있는 것을 없는 것처럼 여기는 태도로 해석될 수 있다. 그저 눈에 들어오지 않았다는 이유로 그것이 없다고 단정짓는 태도, 존재를 인식조차 하지 않는 무관심은 종종 무시라는 이름으로 나타난다.

무시는 어떤 사물이나 사람의 존재와 가치를 인정하지 않는 것이다. 더 나아가 그것을 보지 않으려는 의도이자 태도이기도 하다. 존재하고 있음에도 그 존재를 외면하거나 축소시키는 행동은 때로는 비판보다 더 차가운 방식으로 상대를 상처 입히고 소외시킨다.

　　이 글자를 바라보며 나는 문득 '무시'란 단어가 단순한 태도의 문제가 아니라, 자신에게 도취된 결과일 수 있겠다는 생각이 들었다. 자신만이 옳고, 자신만이 중요하며, 세상의 중심은 자신이라는 착각 속에 빠진 상태. 결국 이는 마음의 문제이며 태도의 문제다. 그런 의미에서 무시는 중요한 것이 무엇인지, 가치 있는 것이 무엇인지 분별하지 못하는 어리석음을 뜻한다.

　　하지만 누군가를 함부로 대하면 상처는 고스란히 상대방만의 것이 되는 게 아니다. 결국 그 상처는 부메랑이 되어 다시 돌아온다. 왜 똑같이 당할 수 있다는 걸 모르는 걸까? 누군가를 무시하는 사람들은 결국 자신조차 존중하지 못하는 사람들이다. 자신의 욕망에 눈이 멀어,

정작 자신이 서 있는 땅이 무너지고 있다는 사실을 인식하지 못한다. 나는 이제 그런 사람들에게 휘둘리고 싶지 않다. 자신조차 제대로 보지 못하는 눈먼 사람에게 상처받을 이유는 없으니까. 눈먼 사람은 아무것도 보지 못하는 게 당연하니까.

**당신은 무시받는 순간에,
스스로의 가치를 어떻게 지켜내고 있나요?**

우울憂鬱은 내 베스트 프렌드

• 우울 •
근심에 싸여 답답하고 기운이 없음

근심 우
頁 머리 혈 心 마음 심
夂 뒤쳐져 올 치

괴로운 마음이 머리에 가득 차 발걸음이 무겁다.

답답할 울
鬱 울창주 창 缶 장군 부
林 수풀 림 彡 터럭 삼 冖 덮을 멱

빽빽한 숲에 술이 담긴 단지가 조용히 땅속에 묻혀 있다.

모두의 마음속에는 셀 수 없이 많은 감정들이 존재한다. 그중에서도 자신에게 가장 큰 존재감을 가진 감정은 무엇일까? 나는 슬픔과 우울이 가장 먼저 떠오른다. 두 감정은 비슷해 보이지만 조금 다르다. 슬픔이 일시적인 감정이라면, 우울은 더 깊고 지속적인 감정이다. 나의 마음은 아주 오래전, 기억이 시작된 순간부터 지금까지도 끊임없이 무겁고 흐릿한 감정을 품고 있었기에, 우울이라는 말이 더 구체적으로 느껴진다.

　　나는 종종 아무 이유 없이도 우울해지곤 한다. 격동의 사춘기를 함께 보낸 친구들은 그런 나에게 '롤러코스터'라는 별명을 붙여주었다. 함께 신나게 놀다가도 금세 풀이 죽어 집에 가버리고, 숨 넘어갈 듯 웃다가도 갑자기 눈물을 쏟아내는 나. 지금 생각하면 꽤나 감정 기복이 심한 '진상'이었을지도 모른다. 예전엔 눈물이 나면 나오는 대로 흘려보냈지만, 지금은 울음 대신 침을 꾹꾹 삼키며 감정을 억누르는 법을 익혔다.

　　우울은 글자도 복잡하게 생겼다. 이 단어를 만든

사람도 어쩌면 나처럼 마음이 답답하고 슬펐으려나. '우울憂鬱'은 '근심할 우憂'와 '답답할 울鬱'로 이루어진 단어다. '우憂'는 '머리 혈頁'과 '마음 심心', 그리고 '뒤쳐질 치夊'가 결합된 글자로, '머리가 마음을 눌러 발걸음조차 무거운 모습'을 형상화했다. 마음속 괴로움이 머리 가득 차올라 무거워진 상태, 바로 근심이다.

'울鬱' 자는 더 복잡하다. 술을 뜻하는 '울창주 창鬯', 단지 모양을 나타내는 '장군 부缶', 울창한 숲을 나타내는 '수풀 림林', 무언가를 덮는 '덮을 멱冖', 그리고 장식이나 기운을 나타내는 '터럭 삼彡'이 결합된 글자다. 이는 '무성한 숲속에 술단지를 묻어둔 모습'을 뜻하며, 가려지고 막힌 채 숨 쉬지 못하는 듯한 상태, 즉 답답함을 표현한다. 우울은 마음이 짓눌리고, 어둡고, 눌려 있고, 무겁고, 답답한 상태를 상징한다.

예나 지금이나, 사람들은 이런 감정을 술로 달래곤 했다. 하지만 나는 술을 잘 마시지 못한다. 몇 잔만 마셔도 금세 얼굴이 달아오르고 정신이 혼미해지기 때문이다. 우울한 만큼 마실 수 있었다면 아마 세상의 술이 다 사라졌을지도 모른다. 그런 내가 세상 사람들에겐 오히려 다행일지도 모르겠다.

가끔 몇몇 사람들은 "우울한 감정은 그냥 엄살 아니야?"라며 말하곤 한다. 나는 "사람이라면 누구나 갖는 감정이야!"라고 반박하지만, 때로는 그 말이 맞는 것처럼 느껴져 죄책감이 들 때도 있다. 사람이라면 자연스럽게 느낄 수 있는 감정인데, 그 감정을 인정받지 못할 때의 기분은 참 묘하다.

"극복해", "이겨내야지", "나약해지지 마"와 같은 말들은 오히려 상처가 되었다. 이미 슬픔에 허우적거리는 사람에게는 위로가 아니라 부담이 될 뿐이다. 억지로 웃으면 입꼬리는 올라가지만, 심장은 더 깊이 가라앉는다는 걸 나는 잘 안다. 한때는 내 마음이 고장 난 건 아닐까 싶어 전문가의 도움을 고민했다. 다행히 시간이 지나며 우울함을 다루는 나만의 방법을 조금씩 익혀갔다. 그 중 하나는 우울을 내 가장 친한 친구처럼 대하는 것이다.

내게 감정들이 모두 친구라면, 우울은 가장 자주 찾아오는 가까운 친구다. 친한 친구는 실컷 놀고 나면 집에 돌아가듯, 우울도 제대로 마주하고 충분히 느끼면 제자리로 돌아간다. 그래서 나는 일부러 더 슬픈 노래를 듣고, 드라마나 영화를 보며 눈물을 쏟아낸다. 마음껏 울고 나면, 우울함은 어느새 자리를 비우고 다른 감정들이 찾아온다. 그러니 우울이 다시 찾아올 땐 이렇게 말해보자.

　　"안녕, 친구. 왔구나? 오늘도 신나게 놀다 가렴!"

**당신에게 가장 자주 찾아오는 감정은
어떤 것인가요?**

남들과 비교比較할수록
나는 작아졌다

◆ 비교 ◆
둘 이상의 대상을 견주어 서로 간의 같고 다름이나
일반 법칙 따위를 고찰하고 평가하는 일

견줄 비
比 비수 비

서로 나란히 선 두 사람을 두고 차이를 살피다.

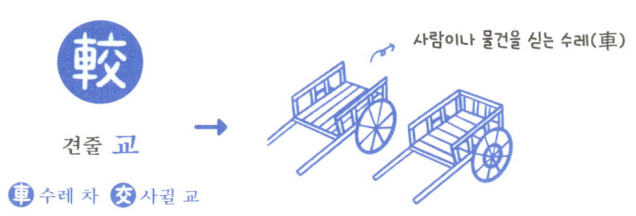

견줄 교
車 수레 차 **交** 사귈 교

수레를 놓고 비교하다.

'왜 다른 것이 더 좋아 보일까?'

겉으론 아무렇지 않은 척하지만, 마음 한구석에서는 음흉한 질투가 부글부글 끓는다. 오랜 고민 끝에 어렵게 고른 물건도 막상 손에 넣고 나면 금세 다른 것이 더 좋아 보인다. 심지어 즐겁게 다녀온 여행조차 다른 누군가의 멋진 여행과 비교하게 된다. 비교할수록 작아지는 나를 달래기 위해 스스로 만족하려 애써보지만, 눈을 감아도 마음의 시선은 쉽게 다른 곳으로 향한다.

이번에는 절대 비교하지 않겠다고 다짐할수록 오히려 남의 것이 더 눈에 들어온다. 비교는 끝이 없었다. 나도 모르게 다른 사람과 나를 저울질하며 더 나은 것, 더 좋은 것, 더 특별한 것을 찾고 있었다. 그렇다면 비교는 무조건 나쁜 걸까? 꼭 그렇지만은 않은 것 같다. 라이벌에게 자극을 받아 성장하듯, 비교도 때로는 나를 앞으로 나아가게 하는 동력이 되기도 한다.

'비교比較'라는 단어를 곱씹어본다. 비교는 '견줄 비比'와 '견줄 교較'로 이루어진 단어다. '비比'는 두 개의 '비수 비匕'가 나란히 놓인 형태로 서로 나란히 선 두 사람을 두고 차이를 살핌을 뜻하는 글자다. 여기서 '서로 견주다'라는 의미가 파생되었고, '비교하다', '겨루다', '나란히 하다'와 같은 뜻이 생겨났다. 참고로 '비匕'는 본래 끝이 뾰족한 숟가락의 형태에서 유래했으나, 갑골문에서는 '손을 든 사람'의 모습으로도 나타나 사람과 관련된 의미를 담는 글자에 자주 쓰인다.

'교較'는 사람이나 물건을 싣고 다니는 '수레'를 뜻하는 '차車'에, 발음을 나타내는 '교爻'가 결합된 글자다. 전체적으로는 수레를 놓고 비교하거나 견주다는 의미로, '검사하다', '차이를 알아보다'라는 뜻도 지닌다. 그러니까 '비교'란 둘 이상의 사람이나 사물을 견주어 차이를 알아보는 행위인 셈이다.

이 한자를 들여다보다 문득 깨달았다. 모든 사람은 다른데, 애초에 견주어야 할 이유가 있었을까? 내가 해왔던 비교는 사실 견주는 것이 아니었다. 처음부터 같을 수 없는 사람과 같아지려 애쓰며, 나를 맞지 않는 틀에 억지로 끼워 넣고 있었던 것이다. 그러면서 나는 나 자신을 깎고 또 깎아 점점 더 작아졌고, 어느 순간 나답지 않은 모습이 되어 있었다. 이를테면, 더위를 누구보다 싫어하는 내가 열대 지역의 나라로 여행을 떠난 타인을 부러워한 적이 있는데, 사실 말도 안 되는 질투였다.

　　타인과 내가 다르다는 사실을 진심으로 인정했더라면, 애초에 그런 무의미한 비교는 하지 않았을지도 모른다. 우리는 종종 학벌, 외모, 성과, 말투, 성격까지. 마치 세상 모든 것이 같은 잣대로 판단되어야 하는 것처럼 비교를 하곤 한다. 물론 비교가 늘 나쁜 것만은 아니다. 어떤 면에서는 비교를 통해 나를 더 잘 알게 되고, 내가 어떤 환경에서 힘을 얻고 어떤 방식으로 일하는지, 또 어떤 사람들과 조화를 이루는지를 깨닫기도 한다. 나에게 맞는지, 맞지 않는지를 구분하려면 어느 정도의 비교는 필요한 일이다. 비교는 때로 방향을 잡는 데 도움이 되는 이정표이기도 하다.

세상에 똑같은 사람은 없고, 나 또한 누군가와 같을 수 없다. 단지 먼저 인식해야 할 것은, 모든 사람은 나와 다르다는 사실이다. 그 다름을 인정하지 않으면, 비교는 언제나 나를 작게 만들거나 타인을 왜곡하게 만든다. 우리는 다름을 통해 배운다. 내가 갖지 못한 것을 가진 사람에게서 배우고, 나와 다른 생각을 가진 사람을 통해 나의 시야가 넓어진다. 그래서 다름은 틀림이 아니라 가능성이고, 비교는 그 가능성을 알아보는 도구가 되어야 한다.

**나에게 맞지 않지만,
남들이 좋다고 하니까 선택한 것이 있나요?
그 결과는 어땠나요?**

2장

나를 살게 하는
아주 작은 이유理由들

감사感謝한 마음이 날 살아가게 한다

• 감사 •
고마움을 나타내는 태도 혹은 인사

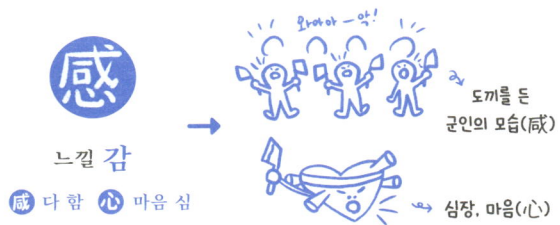

느낄 감
咸 다 함　心 마음 심

전쟁에 나서기 전에 모두 함께 입을 모아 소리를 지른다.

사례할 사
言 말씀 언　射 쏠 사

과녁을 꿰뚫듯 명확하게 말하는 모습.

"너는 뭐가 그렇게 사무치게 감사하니?"

감사한 마음이 사무치던 날, 친구가 웃으며 물었다.

"너무 많아서, 마음이 시릴 정도야."

대개는 그리움이 사무친다고 하지만, 나는 고마웠던 순간이 그립다. 불안과 우울을 자주 느끼는 나에게, 감사하는 마음은 강력한 보호막이 된다. 나에게는 동생이 준 행운 노트가 있다. 그 안엔 운이 좋았던 일들도 적혀 있지만, 대부분은 고마웠던 순간이 기록되어 있다. 소중한 사람들의 따뜻한 마음은 나에겐 더없는 행운이기에, 나는 그 순간들을 잊고 싶지 않아 종종 노트에 적어둔다. 기억이 떠오를 때마다 한 장, 한 장 써 내려가다 보면 마치 나만의 방패가 하나씩 더해지는 기분이 든다.

감사한 일들이 차곡차곡 쌓인 어느 날, 마음이 북받쳐 황급히 노트를 펼쳤다. 그리고 쉼 없이 고마운 사람들의 이름을 써 내려갔다.

"이렇게 고마운 사람들이 많다니."

빼곡히 채워진 글자들을 보며 나도 모르게 미소가 번졌다. '오늘도 행복 좀 충전해볼까?' 하며, 노트의 첫 장을 펼쳤다. 놀랍게도 오늘 써 내려간 이름들과 2년 전 첫 장에 적은 이름들이 하나도 다르지 않았다. "지금의 나를 만든 사람들이구나." 그 이름들을 바라보다 눈시울이 붉어졌다. 불완전한 내가 지금까지 무너지지 않고 살아올 수 있었던 건, 결코 나 혼자만의 힘이 아니었음을 깨달았다.

'감사感謝'는 '느낄 감感' 자와 '사례할 사謝' 자로 이루어져 있다. 고대 문자 해석에 따르면, '감感'은 심장을 뜻하는 '마음 심心'과 큰 도끼와 입 모양을 형상화한 '다 함咸' 자로 구성되어 있다. '다 함咸' 자는 무기를 든 군사들이 전쟁에 나가기 전, 모두가 입을 모아 함성을 지르는 모습을 형상화한 글자이다. 즉, '감感' 자는 마음으로 깊이 느낀다는 뜻을 담고 있다.

'사謝'자는 말을 뜻하는 '말씀 언言'과 활과 화살을 뜻하는 '쏠 사射'가 결합된 글자이다. 이는 활로 과녁을 꿰뚫 듯 명확하게 말하는 모습을 나타내며, 상대에게 마음을 또렷이 전한다는 의미를 지닌다. 즉, '감사感謝'는 '마음 깊이 느낀 고마움을 명확하게 표현하다'라는 뜻이다.

이 한자를 보며 문득 놀랐다. 나는 그저 '고맙다'와 '감사하다'가 한글과 한문의 차이일 뿐이라고만 생각했는데 단순한 언어의 차이가 아닌, 감정의 깊이를 담아내는 방식의 차이라는 걸 처음 알게 되었다. 그 후로는 고마운 마음을 꼭 말로 전하자고 다짐했다.

나는 평소 그 마음을 잘 전달하고 있었을까? "감사합니다"라는 표현은 낯설지 않지만, 오히려 가까운 사람일수록 낯간지러워 감정을 혼자 간직하고만 있었던 때가 많았다. '말하지 않아도 알겠지'라는 믿음으로, 때로는 괜히 투정을 부리기도 했다. 하지만 언제나 후회가 남았다. 내 알량한 쑥스러움이 뭐라고.

"한 아이를 키우려면 온 마을이 필요하다"라는 아프리카 속담이 있다. 아이가 잘 자라기 위해서는 가정뿐 아니라, 마을 전체가 관심과 애정을 함께 기울여야 한다는 뜻이다. 돌이켜보면, 내가 살아오며 마음 안에 비바람이 불고, 거센 소용돌이가 몰아쳐도 이 세상에 뿌리내릴 수 있었던 건 결코 나 혼자만의 힘이 아니었다. 언제나 여린 내 마음을 단단히 붙잡아 준, 사랑하는 사람들의 응원과 지지 덕분이었다. 그 소중한 마음에 가장 빠르게 보답하는 길은 감사한 마음을 진심으로 전하는 일일 것이다.

덕분에 잘 자라고 있습니다.
감사합니다.

**감사한 마음을
어떤 방식으로 표현하나요?**

희극喜劇인이 되고 싶었다

◆ 희극 ◆

웃음을 기반으로 하여 인간 및 사회의 문제점을
해학적으로 다룬 연극이나 극 형식

북을 두드리며 즐겁게 노래하는 모습.

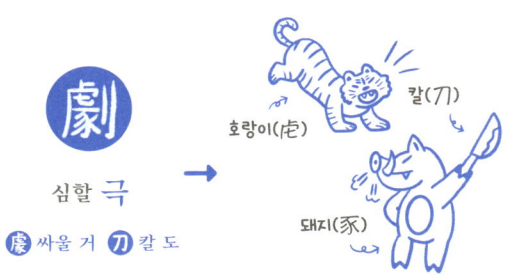

호랑이와 돼지가 격렬히 싸우는 모습.

나의 학창 시절 꿈은 희극인이었다. 매주 일요일, 온 가족이 둘러앉아 〈개그콘서트〉를 보며 한 주를 마무리하던 그 시간. 무대 위에서 능숙하게 웃음을 전하는 희극인들의 모습은 언제나 반짝였다. 그들이 웃음을 주는 찰나에는 세상 모든 걱정이 사라지는 듯한 기분이 들었다. 아, 저곳이 내가 서야 할 무대구나. 그렇게 나도 그 무대에 서 있는 나를 꿈꾸게 되었다. 고등학교 3학년, 진로 시간에 처음으로 담임 선생님께 내 꿈을 털어놓았다.

"개그우먼이 되고 싶어요."

늘 까불기를 좋아하던 나를 지켜보셨던 선생님은 환하게 웃으며 따뜻하게 말씀하셨다.

"그래. 한번 도전해 봐."

하지만 부모님께는 차마 그 꿈을 말할 수 없었다. 과외와 학원으로 물심양면 지원해주시는 부모님께, 공부와는 거리가 먼 개그우먼이 되고 싶다고 말하는 건 죄

송스러웠다. 그러던 어느 날, 대학 진학을 고민하던 중 내가 동경하던 개그맨 유세윤 님이 동아방송대 방송극작과 출신이라는 사실을 알게 되었다. 그 순간부터 그곳은 내 목표가 되었다.

글쓰기에 대해선 아무것도 몰랐지만, 그저 우상의 길을 따라가고 싶은 순수한 마음뿐이었다. 부모님께는 본심을 숨긴 채 작가라는 이름으로 꿈을 포장했고, 다른 학교 극작과 실기시험에도 도전했다. 쉬는 시간에도 열심히 글을 쓰던 친구들을 보며 '무슨 글을 쓰길래 쉬지도 않을까?' 하는 생각이 들었고, 그들의 진지한 모습이 나를 자극했다. 시작은 연막작전이었지만 나도 마음을 다잡고 진심을 다했다. 손톱만큼의 기대는 있었지만 결과는 낙방이었다. 하지만 상상력을 펼칠 수 있었던 그 시간만큼은 정말 즐거웠다. 더 큰 기대를 걸었던 학교에도 결국 불합격하면서, 나는 꿈의 첫 발조차 내딛지 못한 채 학창 시절의 꿈과 작별하게 되었다.

'기쁠 희喜'와 '심할 극劇'로 이루어진 희극은, 단순히 웃음을 넘어서 더 깊은 의미를 품고 있다. '희喜'자는 북을 형상화한 '악기이름 주壴'와 입 모양의 '입 구口'가 합쳐져, 북을 두드리며 흥겹게 노래하는 모습에서 유래된 한자다. '극劇'은 호랑이 무늬의 '호피무늬 호虍'와 돼지를 뜻하는 '돼지 시豕'가 결합된 '싸울 거豦', 여기에 '칼 도刂'가 더해져 격렬한 싸움과 대립을 뜻한다.

희극은 단순한 웃음이 아니라 기쁨을 전하기 위해 치열하게 연극하는 모습을 담고 있다. 웃음을 주는 일은 겉보기보다 훨씬 어렵고 고도의 전략을 필요로 한다. 완벽한 대본 숙지는 기본이고, 타이밍을 맞추는 센스, 능청스럽게 감정을 표현하는 연기력까지 필요하다. 무대에서는 순간, 본모습을 잠시 감추고 유쾌한 가면을 써야 한다. 이 모든 요소가 어우러질 때 비로소 관객의 웃음을 끌어낼 수 있다. 나는 그런 다재다능한 희극인들을 동경했다. 그러나 정작 나는, 그 무대의 첫 발도 내딛지 못했다. 그 좌절감은 스무 살 내내 나를 방황하게 만들었다.

돌이켜보면 그 실패는 나에게 꼭 필요한 과정이었

다. 나는 화려한 색을 좋아하면서도 옷은 늘 무채색으로 입는다. 대신 양말만큼은 화려하게 신는다. 그 양말을 누군가가 알아봐줄 때면, 내가 의도한 나의 모습을 이해받은 듯한 묘한 뿌듯함이 든다.

사람들은 나를 '소심한 관종'이라 할지도 모른다. 이처럼 부끄러움이 많은 내가, 많은 사람들 앞에서 고도의 신경전을 벌이며 연기를 한다는 건 상상만으로도 벅찬 일이다. 아마도 나는 무대에서 웃음을 줄 때의 기쁨보다, 관객이 웃지 않았을 때 느낄 상처에 더 크게 흔들리는 사람인지도 모른다. 결국 내가 간절히 바랐던 것은 연극 무대가 아니라, 나를 온전히 표현할 수 있는 나만의 무대 아니었을까? 꿈을 꾼다고 해서 모든 일이 이루어지진 않는다. 하지만 그 꿈은 내가 가야 할 방향을 알려주는 삶의 이정표가 된다. 그 이정표를 따라가며 배우고 성장했고, 또 다른 꿈을 꾸게 되었다. 그래서 나는 서른이 훌쩍 넘은 지금도 여전히 꿈을 꾼다.

그리고 지금 이 순간, 여기가 바로 나의 무대다.

당신은 지금 어떤 꿈을 꾸고 있나요?

나는 추억追憶을 먹으며 살아간다

◆ 추억 ◆
흘러간 일을 돌이켜 생각함. 혹은 그런 생각이나 일

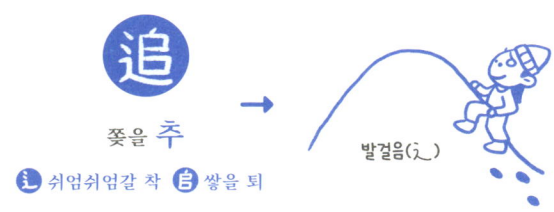

조금씩 발걸음을 옮겨 흙더미를 오르다.

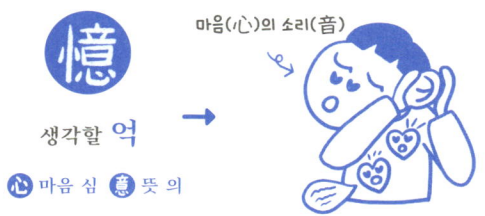

두 배의 마음으로 골똘히 생각하는 사람의 모습.

불안과 우울이 거센 파도처럼 마음을 휘몰아칠 때면, 외가댁의 추억은 언제나 나에게 단단한 대피소 같은 안식처가 되어주었다. 그 추억 속에는 세모난 팩 커피 우유의 맛을 처음 알려주신 외할아버지, 첫째라고 늘 몰래 주머니 속 꼬깃꼬깃한 용돈을 쥐여주시던 외할머니, "대단해!"라며 언제나 용기를 북돋아 주시던 이모, 맛있는 음식을 아낌없이 내어주시던 삼촌들이 계신다. 가족들과 도란도란 누워 있던 따뜻한 안방 아랫목, 웃음이 끊이지 않던 거실, 그 모든 순간 속에 깃든 가족의 풍경과 푸근한 향기는 지금도 내 마음 깊은 곳에 고스란히 남아 있다. 이처럼 보물 같은 기억들이 가득한 그곳은 내게 더할 나위 없는 안식처였다.

　　'추억追憶'은 '쫓을 추追'와 '생각할 억憶' 자로 이루어졌다. '추追'는 '쉬엄쉬엄 갈 착辶'과 흙이 쌓인 언덕을 본뜬 '쌓을 퇴󠀠'가 결합된 글자다. 조금씩 발걸음을 옮겨 흙더미를 오르는 모습에서 '쫓다', '거슬러 올라가다'라는 의미가 비롯된다. '억憶'은 심장을 뜻하는 '마음 심心'과 '뜻 의意' 자가 합쳐지고, '뜻 의意'는 '소리 음音'과 '마음 심心'이 합쳐져 마음속 소리, 곧 생각과 의미를 담는다. 여기에 '마음 심心'

을 하나 더해 골똘히 생각함을 뜻하는 '억憶'이 완성된다. 결국 추억이란, 쌓아온 길을 거슬러 올라가 깊이 생각한다는 뜻이다.

만약 내가 걸어온 길을 되돌아볼 수 있다면 어떤 풍경을 마주하고 싶을까? 내가 원하는 풍경은 사계절을 고스란히 느낄 수 있는 길이다. 꽃향기가 가득한 공기 속에 시냇물 졸졸 흐르는 소리가 들리고, 비가 오면 잠시 쉴 수 있는 정자와 다리가 아플 땐 앉을 수 있는 벤치도 있는 길.

그런 작고 소중한 행복들이 모이고 모여, 하나의 길이 되고, 그 길이 곧 나의 추억이 된다. 비록 바쁜 일상 속에서 가족과 친구들을 자주 만나지 못해도, 여전히 따뜻한 마음이 변치 않는 건 함께한 추억이 있기 때문이 아닐까? 좋은 추억은 단지 과거의 기억이 아니라, 앞으로 나아갈 힘이 되기도 한다. 그 소중한 기억들을 양분 삼아 나의 길을 단단히 다듬고, 인생이 즐거운 산책이 되길 바란다. 몸에 힘을 내려면 잘 먹어야 하듯, 마음에도 힘을 내려면 행복한 기억이 필요하다. 그래서 나는 오늘도, 추억을 꺼내어 먹는다.

**웃게 하거나 울게 한,
가장 소중한 추억은 무엇인가요?**

그저 위로慰勞가 필요할 때

◆ 위로 ◆
따뜻한 말과 행동으로 괴로움과 슬픔을 달래 줌

따뜻한 말이나 행동으로 괴로움을 덜어주다.

어둠을 밝히며 늦은 밤까지도 일하는 모습.

세상에 아름다운 이별이 있다고? 거짓말.

적어도 나에게는 그런 이별은 없었다. 모든 이별은 아팠고, 참 따가웠다. 헤어짐에 서툴렀던 어린 나는, 아무리 붙잡아도 잡히지 않던 그를 뒤로한 채 하루 종일 바쁜 친구들을 붙잡고 이 슬픈 마음을 쏟아냈다. 울고 또 울면서, 수천 번, 수만 번 다짐했다. 반드시 이겨내겠다고. 고마운 친구들의 극진한 위로도 잠시, 새벽이 되면 어김없이 찾아오는 감정의 물결 앞에 수차례 무너졌다. 그렇게 무너져 있던 어느 날, 한 친구가 말했다.

"사랑하는 언니. 청춘이여, 파이팅하자."

그 말과 함께 친구는 어떤 스님이 집필한 책 한 권을 내게 건네주었다. 너무 울어 퉁퉁 부은 눈으로 글자가 보일까 걱정했지만, 지친 몸과 마음을 이끌고 터벅터벅 카페로 향했다. 그 책은 자신을 사랑하는 법, 자신의 존귀함을 알아채는 법에 대한 내용으로 가득 차 있었다.

나는 그 책의 문장들을 마음속에 한 글자 한 글자 새기며 조용히 되뇌었다. "나는 사랑받을 자격이 있는 사람이다." 그 순간 마치 책과 나만 세상에 남은 듯, 주위의 모든 소리가 멎었다. 나는 옆에 사람들이 있다는 것도 잊은 채 꺼이꺼이 목 놓아 울었다. 그 책 한 권 덕분에, 아무리 애써도 끝맺음이 보이지 않던 이별은 드디어 마무리되었다. 그때부터 나는 책이 주는 위로의 힘을 알게 되었다.

'위로慰勞'는 '위로할 위慰'와 '일할 로勞'로 이루어진 단어다. '위慰'는 '마음'을 뜻하는 '심心' 자와, 발음을 나타내는 '벼슬 위尉' 자가 결합된 형성 문자이다. 이는 마음을 다스리고 진정시킨다는 뜻에서, '괴롭고 슬픈 마음을 위로한다'라는 의미로 쓰인다. 따라서 따뜻한 말과 행동으로 타인의 괴로움을 덜어주는 행위를 뜻하게 되었다.

'로勞'는 밤을 밝히는 '등불 형熒'과 농기구를 본뜬 '힘 력力'의 결합이다. 어둠을 밝히며 늦은 밤까지도 일하는 모습에서 '수고하다', '애쓰다'라는 뜻이 생겼다. 결국 위로란, 괴로움을 덜어주기 위해 밤낮으로 애쓰는 따뜻한 마음을 뜻한다. 위로의 한자처럼, 가슴이 찢어질 듯한 슬픔은 저절로 사라지지 않는다. 그 슬픔을 이겨내기 위해 시간과 끊임없는 노력이 필요하다.

어릴 적엔, 슬픔을 나누면 사라질 거라고 믿었다. 그래서 내 마음을 달래기 위해 많은 사람들에게 감정을 쏟아내곤 했다. 하지만 슬픔은 쉽게 사라지지 않았다. 오히려 더 짙어지기도 했고, 때로는 그 감정을 다른 사람에게 옮겨 버리기도 했다. "왜 나만 이런 일을 겪는 걸까?" 그때는 세상의 모든 슬픔이 내 몫인 줄만 알았다.

하지만 시간이 흐르며 알게 되었다. 겉으로는 평온해 보이던 사람들도 속으로는 이를 악물며 각자의 고통을 견디고 있다는 것을. 결국, 온전히 내 마음을 위로할 수 있는 사람은 나 자신뿐이라는 것을. 언제나 누군가에게 기대어 살아갈 수는 없다. 스스로를 다독이는 법을 배우는 것이 진짜 위로가 될 때가 있다. 맛있는 치킨을 먹든, 동네를 한 바퀴 걷든, 영화관에 가든. 별것 아닌 일상적인 행동 하나로도 위로받을 수 있는 순간이 있다. 마음이 너무 힘들 때는 외면하지 말고 나를 다독일 방법을 꼭 찾아야 한다. 그 슬픔을 덮어두기만 하면 결국 언젠가는 곪아 터지고 말 테니까.

그 이별 이후로 나는 종종 무작정 서점에 간다. 답답한 마음을 안고 내 감정과 꼭 맞는 제목의 책을 찾아 헤맨다. 그리고 그 책을 펼치기만 해도 꽉 막혔던 마음이 천천히 풀려나간다. 나는 이렇게 그저 위로받고 싶은 나를, 달랜다.

**아무도 알아주지 않아도 묵묵히 견디는 당신,
그 마음을 어떻게 다독이고 있나요?**

지금은 다정多情함이 능력인 시대

◆ 다정 ◆
정이 많아 남에게 따뜻하고 부드럽게 대하는 마음이나 태도

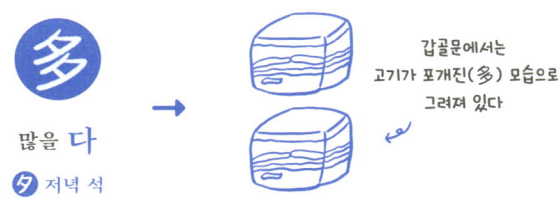

쌓여 있는 고기가 많다.

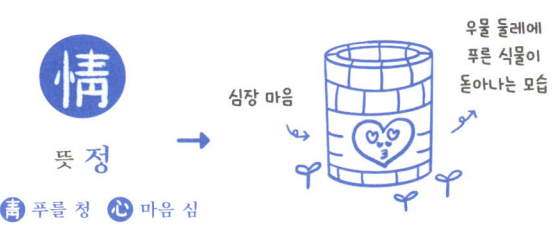

푸르고 맑은 순수한 마음가짐.

이 사람과 평생을 함께하고 싶다는 마음이 처음 싹튼 순간은 언제였을까? 결혼한 지 어느덧 6년. 연애 기간 3년까지 더하면 벌써 10년 가까운 시간이 흘렀다. 연애 시절의 기억은 서서히 흐려져 가지만, 그중에서도 절대 잊을 수 없는 장면이 하나 있다.

그날은 아이스크림 와플이 유행하던 무더운 여름이었다. 푹푹 찌는 더위 속, 아이스크림과 와플의 조화는 어찌나 매력적이던지. 남자친구가 "분명 흘릴 텐데 다시 생각해보자."라고 했지만, 나는 그 말을 흘러듣고 얼른 와플을 사 들었다. 그런데 아이스크림 와플이 뜨거운 햇볕 때문에 무섭게 녹아 손가락 사이로 흘러내리기 시작했다. 손이 끈적해질까 걱정하던 찰나, 그는 "나는 화장실에서 닦으면 되지"라며 아무렇지도 않게 내 손에 있던 와플을 가져갔다. 자신도 불편할 텐데 내 손을 걱정해주는 그의 다정함. 나는 그 순간, 이 남자에게 마음을 빼앗겼다.

그 다정함에 빠져들어 오늘의 우리가 탄생했다. 내 눈엔 그 어떤 능력보다 그의 따뜻한 마음이 더 크게 보였다.

결국, 그 다정함이 내가 평생을 함께하고 싶었던 이유다.

'다정多情'은 '많을 다多'와 '뜻 정情'이 합쳐진 단어다. '다多'는 갑골문에서 고기가 포개져 있는 모습을 형상화한 글자다. 고기가 많다는 건, 곧 물건이 많다는 뜻이기도 하다. 그래서 '많다', '풍요롭다', '뛰어나다'라는 의미를 지닌다. '정情'은 '마음 심心'과 '푸를 청青'이 결합된 글자로, 푸르고 맑은 순수한 마음가짐, 사랑과 인정을 뜻한다. 결국 다정은 사랑이 많고 인정이 넘치는 상태를 의미한다. 말 그대로 '정이 많은' 사람인 것이다.

그 의미를 알고 나니, 그날 그의 다정함에 왜 마음이 움직였는지 알 것 같았다. 사랑이 많고 배려심 깊은 사람을 어찌 사랑하지 않을 수 있을까?

누군가를 배려하는 마음은 하루아침에 생기지 않는다. 나는 언제나 착한 사람을 이상형으로 꼽았다. 그 '착하다'는 말엔 배려심 많고, 다정하며, 나를 위해주는 마음이 담겨 있다. 하지만 점점 각박해지는 세상에서 착하다는 말은 더 이상 칭찬처럼 들리지 않게 되었다. 자신의 몫을 내어주고 남을 돕는 착한 심성은, 때때로 이용당하기 쉬운 사람으로 보이기 때문이다. 그래서일까. 많은 사람들이 "나쁜 남자가 좋아"라고 말하지만, 그건 말 그대로 '나쁜 사람'을 뜻하는 것이 아니다. 겉은 차갑고 말이나 행동이 다소 무뚝뚝할지라도, 나에게만큼은 한없이 다정한 사람을 의미하는 것이다.

그만큼 다정함은 강력한 매력이다. 개인주의가 만연한 이 세상에서, 순수한 마음을 가진 사람은 그것만으로도 특별한 능력을 가진 셈이다. 그리고 그 다정함은 마치 오직 나에게만 주는 선물처럼 느껴진다. 상상해보자. 드라마 〈폭싹 속았수다〉의 자상한 '관식이'와 함께 살지, 아니면 젊은 시절 돈만 많고 다정하지 않은 '학씨 아저씨'와 살지. 나에게, 그리고 많은 이들에게, 다정함은 그 어떤 조건도 뛰어넘는 결정적인 매력이다.

그 다정함은 내게 '한방찜질팩' 같았다. 겉모습은 투박하지만, 분무기로 물을 뿌리고 전자레인지에 3~5분 돌리면, 은은한 허브향과 함께 묵직한 따뜻함이 전해진다. 아픈 곳에 조용히 얹어두면, 은근하게 퍼지는 온기와 향이 몸과 마음을 동시에 어루만져준다. 화려하진 않지만, 깊고 오래 지속되는 위로다.

다정함도 그렇다. 그 따뜻함을 한 번 느끼면 헤어 나올 수 없다. 그리고 사실, 헤어 나오고 싶지도 않다. 한방찜질팩 같은 내 사랑아, 혹시라도 차가워지면… 다시 따뜻하게 데워줄게.

**당신이 생각하는
'진짜 다정한 사람'은 어떤 모습인가요?**

나만의 취향趣向을 찾아 삼만 리

◆ 취향 ◆
무언가 하고 싶은 마음이 생기는 방향 혹은 기호

포상을 받기 위해 달리는 모습.

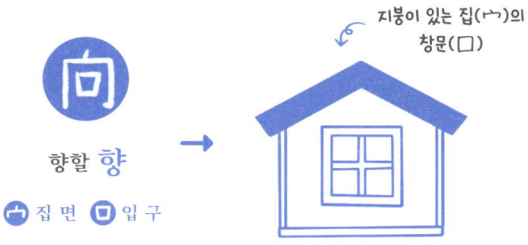

집에 창문을 낸 방향.

은은한 조명이 퍼지는 어두운 바 안. 내 취향을 정조준하는 노래가 흘러나왔다. 공간을 가득 메운 베이스의 진동이 온몸을 타고 퍼졌고, 그 떨림만큼이나 내 심장도 쿵쿵 뛰었다. 도대체 무슨 노래지? 너무 궁금해서 귀를 단단히 사로잡는 리듬에 자꾸만 집중하게 되었다. 친구들과의 대화는 머릿속에 들어오지 않았고, 무의식중에 발만 동동 굴렀다. 그런 내 모습을 본 친구가 웃으며 말했다.

"그냥 한번 여쭤 봐, 무슨 노래인지!"

나는 머쓱하게 머리를 긁적이며 대답했다.

"부끄러워서 말 못 하겠어. 언젠가는 또 나오겠지…."

하지만 열 곡이 넘게 지나가도록, 그 노래는 다시 나오지 않았다. 결국 궁금함을 이기지 못한 나는 용기를 내어 카운터로 향했다. 부끄러움은 이미 저만치 밀어두고.

"사장님, 혹시… 아까 나온 노래가 너무 궁금해서 그

런데, 음악 리스트를 볼 수 있을까요?"

"그럼요! 얼른 확인하세요."

사장님은 흔쾌히 모니터를 내어주었고, 나는 얼른 화면을 찍고는 자리로 돌아왔다. 나는 보물을 발견한 사람처럼 마음이 잔뜩 들떠 있었다. 그렇게 친구들과의 수다가 끝나고, 집에 돌아오자마자 씻기도 전에 노래부터 찾아 들었다. 머릿속에 남아 있는 희미한 리듬만을 의지해, 리스트 속 곡들을 하나하나 재생했다. 쉬운 일은 아니었지만, 수십 곡 중 단 한 곡이 내 마음을 다시 두근거리게 했다. 오늘도 내 취향에 꼭 맞는 노래를 플레이리스트에 하나 더 추가했다는 뿌듯함에 두 다리를 쭉 뻗고 누웠다. 그러다 문득 질문 하나가 떠올랐다. 부끄러움이 많은 내가 어떻게 카운터로 달려갈 수 있었을까? 아마도 그건 취향이라는 힘 덕분이었을 것이다.

'취향趣向'은 '뜻 취趣'와 '향할 향向'으로 이루어진다. '취趣'자는 양팔을 벌리고 달리는 사람을 형상화한 '달릴 주走'

와, 귀를 손으로 취하는 모습을 형상화한 '가질 취取'가 결합된 글자다. '취取'의 유래는 다소 적나라하다. 먼 옛날, 전쟁 후 적을 처치한 수만큼 포상을 받기 위해 적의 귀를 잘라 증거로 바쳤다. 이런 유래로부터 '가진다'는 의미가 생겨났고, '취趣'는 원하는 것을 향해 달려가는 모습을 뜻하게 되었다. 현재는 '마음이 가는 방향', '뜻', '취지', '달리다' 등의 뜻으로 쓰인다.

'향向' 자는 집을 뜻하는 '집 면宀'과 창문을 형상화한 '입 구口'가 결합된 글자다. 원래는 북쪽으로 난 창문이라는 뜻이었지만, 이후 단순히 '방향' 자체를 의미하게 되었다. 결국, 취향趣向은 '마음이 이끄는 방향으로 향하다'라는 의미다.

이 뜻을 알고 나니, 내가 왜 그토록 자연스럽게 카운터로 향할 수 있었는지 이해가 되었다. 마음이 이미 움직였고, 몸은 그 방향을 따라갔던 것이다. 다시 '향할 향向'을 떠올리며 우리 집 창문들을 바라본다. 큰 거실 창문은 앞 아파트들에 가려 답답하지만, 부엌의 작은 창문 너머로는 뒷산이 보인다. 이렇게 멋진 산을 두고도, 왜 더 자주 바라보지 못했을까. 나는 종종 큰 창문 너머로 탁 트인 풍경을 마음껏 누리는 상상을 한다. 그 상상 속 나의 모습은 척박한 아스팔트 틈에서 피어난 민들레 한 송이를 발견한 사람과도 같다.

시간은 누구에게나 동일하게 흐르지만, 어디를 바라보며 살아가느냐는 결국 각자의 선택이다. 그래서 우리는 취향이 비슷한 사람에게 끌리고, 닮고 싶은 사람을 동경하는 걸지도 모른다. 꿈이 내가 가고 싶은 방향의 이정표라면, 취향은 그 길을 함께하는 풍경이다. 그 길 위에 선 나는 어떤 모습일까. 어떤 향기를 풍기고, 어떤 노래를 흘려보내고 있을까.

아무리 멋진 뒷산이 있는 집에 살아도, 그쪽으로 창문이 없다면 그 아름다움을 평생 모르고 지나칠 수 있다. 그러니 나는 오늘도 내 취향을 찾아 떠날 것이다. 내 마음속 가장 아름다운 풍경이 보이는 창을 내기 위해서.

요즘 당신의 마음이 쏠리는 것이 있나요?

소원所願을 빌면 이루어질까

◆ 소원 ◆
마음속 깊이 간직한 이루고 싶은 바람

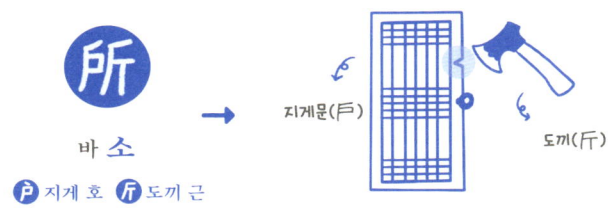

문 위에 남은 도끼의 상처 자국.

간절한 바람이나 소망.

기념일을 챙기는 일은 언제나 설레고 즐겁다. 그날을 핑계 삼아, 마음속에 곱게 접어두었던 염원을 케이크 위 촛불에 실어 빌어볼 수 있기 때문이다. 저번 기념일에는 이런 소원을 빌었다.

"제발 아무 일 없이 이사하게 해주세요."

결과적으로 이사는 마쳤다. 간절한 소원이 이루어진 걸까? 꼭 그렇다고 하긴 어렵고, 반쯤은 이루어졌다고 해야 맞겠다. 정말이지, 온갖 우여곡절 끝에 겨우 이사를 마쳤으니까. 우리에겐 피와 살 같은 계약금을 날리는 일도 있었고, 치킨을 앞에 두고 서로가 안쓰러워 남편과 부둥켜안고 엉엉 우는 일도 있었다. 감정이 휘몰아치던 그날들이 언제였냐는 듯, 이사 날은 뜻밖에도 아주 평온하게 마무리되었다. 심지어 예상보다 빨리 끝났다. 물론, 대부분 은행 대출로 마련한 집이라 화장실 하나 산 것 같은 기분이지만, 몇 년 전 일기장 첫 장에 적어두었던 '내 집 마련'이라는 소원은 분명 이루어졌다. 그렇게 보면, 이사 소원도 결국은 이루어진 셈일지도 모른다.

세상살이는 참 야속하다가도, 가끔은 이렇게 단비처럼 행복을 안겨준다. 그런 뜻밖의 선물 같은 순간은, 정말 소원을 빌어서 이루어진 걸까? 아니면, 어딘가에 진짜로 소원을 들어주는 요정이라도 있는 걸까?

'소원所願'이라는 단어를 들여다본다. '바 소所' 자는 외짝문을 의미하는 '지게 호戶' 자와 도끼를 형상화한 '도끼 근斤' 자가 결합된 글자다. 본래는 도끼로 나무를 베는 동작에서 유래했으며, 이후에는 문 위에 남은 도끼의 상처 자국이나 지점을 뜻하며 '곳', '자리', '위치'를 의미하게 되었다.

'원할 원願' 자는 '근원 원原'과 사람의 머리를 상징하는 '머리 혈頁'이 결합된 글자다. 머릿속의 깊은 생각, 즉 마음 깊은 곳에서 비롯된 간절한 바람을 나타낸다. 그래서 소원은 어떤 일이 이루어지기를 간절히 바라는 마음, 막연한 기대를 넘어 현실이 되기를 바라는 진심 어린 바람을 의미한다.

한자를 곱씹다 보니, 소원이란 그저 허황된 꿈만은 아니라는 생각이 든다. 하지만 그 소원을 대신 들어주는 존재는 없었다. 나무를 베듯 묵묵히 노력하며 염원하다 보니 어느새 소원이 현실이 되어 있었을 뿐이다. 그러니 "간절히 바라면 이루어진다"는 말은 어쩌면 정말 맞는 말일지도 모른다.

예를 들어, 나는 오랫동안 남산을 바라보며 살고 싶다는 소원을 품고 있었다. 그 소원은 아쉽게도, 혹은 다행히도 반쯤 이루어졌다. 충주로 이사하면서 마음껏 산을 바라보며 살게 되었기 때문이다.

"남산을 바라보며 살고 싶었는데, 원 없이 산을 보게 되었네."

집에서도 산이 보이고, 충주는 어디를 가나 산이 있는 고장이다. 그런데 어느 맑은 날, 남편과 드라이브를 하던 중 '남산'이라는 표지판이 눈에 들어왔다.

"어? 여기에 왜 남산이 있어?"

알아보니, 충주에도 '남산'이 있었다.

"소원이… 이루어진 거였구나!"

우리는 한참을 웃었다. 생각해보니 내가 소원을 애매하게 빌었던 것이다. 내가 진짜 원한 건 남산이 아니라, '남산타워'를 바라보며 사는 삶이었으니까. 그러니 소원이 엉뚱하게 이루어지지 않으려면, 반드시 구체적으로 빌어야 한다(참고로 '한강'이라는 단어로 소원을 빌 때도 주의해야 한다. 전국 곳곳에 '한강'이 흐르기 때문에, 그냥 '한강이 보이는 집'이라고만 빌었다간 원하는 지역이 아닐 수도 있으니 말이다).

당신이 간절히 바라는 소원은 무엇일까요?
구체적으로 적다 보면 정말로 소원이 이루어질지도요.

3장

나의 일상을 지키는 꾸준한 노력努力들

마음이 복잡할 땐
주변 정리整理를 하자

◆ 정리 ◆
흐트러진 것들을 깔끔하고 가지런하게 바로잡음

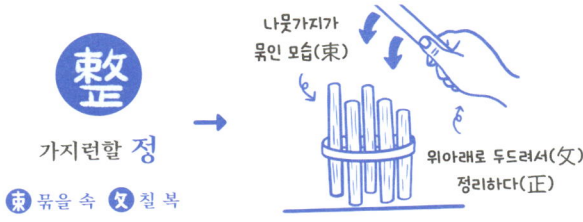

흐트러진 나뭇가지 묶음을 정리하는 모습.

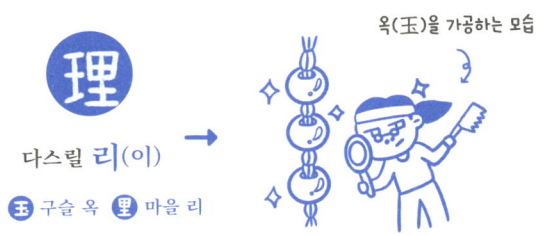

옥을 가공할 때는 그 결을 따라 다스려야 한다.

머릿속이 마치 배배 꼬인 유선 이어폰 줄 같던 날이 있었다. 어디서부터 풀어야 할지 감도 안 잡히는 그 줄은 보기만 해도 얄밉기만 했다. 이어폰 하나 제대로 못 푼다는 사실에 화가 나, 허공에 대고 소리를 질러보고, 망가진 무선 이어폰도 침대에 던지며 괜히 화풀이를 해봤다. 그런다고 달라질 건 없지만 말이다. 이런 날은 내가 풀지 못하는 게 이어폰 줄만이 아님을 깨닫고 나서야 생각을 정리할 수 있다.

'어디서부터 정리해야 할까.'

'정리'는 '가지런할 정整'과 '다스릴 리理'로 이루어진 말이다. '정整'은 많은 나뭇가지를 묶은 모습을 형상화한 '묶을 속束', 막대기로 두드리는 모습을 담은 '칠 복攵', 그리고 삐뚤어진 것을 바로잡는 '바를 정正' 자가 결합된 글자다. 흐트러진 것을 가지런히 하여 질서를 잡아간다는 뜻이다.

'리理'는 '구슬 옥玉'과 발음을 나타내는 '마을 리里'가 결합된 글자로, 옥을 가공할 때 결을 따라 다듬듯, 사물의 이치를 다스린다는 의미를 지녔다.

이처럼 '정리'는 흐트러진 것을 가지런히 다스린다는 뜻이다. 좋은 옥을 골라내려면 가지런히 나열해야 쉽게 구분할 수 있다는 의미처럼, 어지러운 것들을 늘어놓아야 좋은 것과 필요 없는 것을 가릴 수 있다.

'정整' 자를 이루고 있는 '정正' 자의 기원은 뜻밖이다. 갑골문에서는 성을 공격할 때 정당한 이유가 필요하다는 의미를 담고 있고, 그 잔인하도록 직관적인 유래가 놀랍고도 흥미로웠다…. 한참을 한자에 빠져 있다 보니, 다시금 가방 속 꼬인 이어폰이 떠올랐다. 내가 지금 당장 정리할 수 있는 건 뭐가 있을까. 인간관계? 마음? 문제? 그런 건 너무 어렵다. 결국 내가 당장 할 수 있는 건 주변 정리뿐이었다.

무거운 몸을 일으켜 가방을 열었다. 이어폰 줄을 꺼내어 차분히 들여다봤다. 천천히 시작점을 찾다 보니, 어느새 줄이 풀려 있었다. 기분이 좋아진 나는 가방까지 정리하기 시작했다. 쌓인 영수증, 불필요한 쓰레기들, 잃어버린 줄 알았던 머리끈, 그리고 까맣게 잊고 있던 젤리까지 나왔다.

"야호!"

지금 당장 당이 뚝 떨어져 허기지고 지쳤던 내게, 그 젤리는 단순한 간식이 아니었다. 마치 누군가가 내 마음을 알아채고 살며시 건넨 위로처럼, 작고 달콤한 그 젤리는 진짜 보물처럼 느껴졌다. 단순히 당을 보충하는 차원을 넘어 그 순간 나를 다독여주는 존재였다. 사소한 물건 하나가 이렇게까지 위안이 될 수 있다는 것이 놀라웠고, 동시에 평소에 얼마나 작은 여유조차 놓치고 살았는지 돌아보게 만들었다.

정리_{整理}의 의미처럼 흐트러지고 어지러운 것들을 가지런히 제자리에 놓다 보면, 단순히 공간만 깨끗해지는 것이 아니라 마음속의 복잡함도 함께 정돈되는 것을 느낀다. 부족한 점도, 지나치게 부풀려졌던 부분도, 소홀히 지나쳤던 괜찮은 부분까지도 한눈에 들어온다. 무언가를 다시 보고, 새롭게 바라볼 수 있는 눈이 생기는 것이다.

답이 보이지 않을 땐, 나는 생각을 멈추고 정리할 곳을 찾는다. 서랍을 열고, 책상을 정리하고, 냉장고 속을 들여다보기도 한다. 작은 정리가 쌓이다 보면, 잊고 있던 고민도 덩달아 정돈된다. 그러다 보면 고민이 별일 아니었다는 걸 깨닫기도 하고, 뜻밖에 번뜩이는 아이디어가 떠오르기도 한다. 그렇게 배배 꼬여 있던 상황도, 한 걸음 떨어져 바라보면 길이 열릴 수 있다. 버릴 건 과감히 버리고, 남길 건 소중히 지키며, 매일을 잘 살아가자.

**마음속 혼란이 주변에 펼쳐져 있다면,
지금 당신의 공간은 어떤 모습인가요?**

부정否定적인 마음과 밀당하기

◆ 부정 ◆
옳지 않음을 지적하거나, 사실과 다르다고 판단함

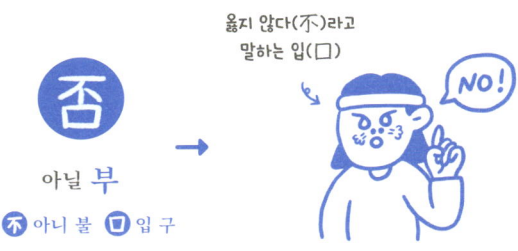

옳지 않다고 말하다.

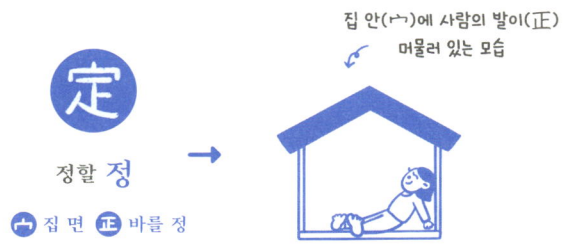

집 안에 편하게 있는 모습.

남들이 "예"라고 말할 때, 혼자서 "아니요"라고 외칠 용기. 나는 그 용기를 갖지 못했다. 아니, 어쩌면 애초에 용기를 내고 싶지 않았는지도 모른다. 괜히 다른 의견을 꺼내는 순간, 그 자리에서 고집불통 이방인이 되는 것만 같았기 때문이다.

아무리 생각해도 상대방의 주장이 아니다 싶으면 내 의견을 조심스레 내보기도 했다. 하지만 그런 날에는 집으로 돌아갈 때마다 마을 한구석이 찝찝했다. 반대로, 내 생각을 누르고 상대의 의견에 수긍하는 날에는 말 한 마디 못한 나 자신이 실망스러웠다. 이러지도 저러지도 못하는 내가 참 밉다. 차라리 내 말을 연필로 쓴 글씨처럼 지울 수 있으면 좋겠다는 생각도 했다.

부정적인 말을 꺼냈다가 후회했던 기억들이 쌓이며, 나는 어느새 부정적인 감정을 표현하는 법조차 잊어버리고 말았다. 모두가 긍정을 말하는 세상에서 부정적인 마음을 갖는 건 정말 잘못된 일일까?

'부정否定'은 '아닐 부否'와 '정할 정定'으로 이루어진 단어다. '부否'는 땅 위로 나오지 못한 채 뿌리를 내린 형상의 '아닐 불不'과 입의 모양을 형상화한 '입 구口'가 결합된 글자로, '아니다', '옳지 않다'라는 의미를 담고 있다.

'정할 정定'은 지붕 아래 있는 집을 뜻하는 '집 면宀'과 다스린다는 뜻의 '바를 정正'이 결합된 글자다. 이 글자는 사람이 머무를 수 있는 집의 기초를 뜻하며, '편안하다', '정하다'는 의미를 지닌다. 결국 '부정否定'은 옳지 않음을 지적하거나, 사실과 다르다고 판단한다는 뜻이다.

나는 왜 그토록 부정을 두려워했을까? 사람마다 생각이 다른 건 너무도 자연스러운 일인데. 나는 매번 부정적인 말을 하는 투덜이처럼 보이고 싶지 않았다. 하지만, 다른 사람의 시선에 갇혀 내 의견을 말하지 못하는 자신이 더 싫었다. 무례하게 보일까 걱정되고, 후회하고 싶지 않은 두려움이 너무 커서 정작 나 자신은 배려하지 못했다.

사실, 생각보다 많은 사람들은 내가 무슨 말을 하는지

그렇게까지 깊이 신경 쓰지 않는다. 말을 할 때는 누구나 자신의 의도를 잘 전달하고 싶어 하지만, 현실에서는 듣는 이가 그 말의 뉘앙스를 세심하게 해석하거나 깊이 있게 반응해주는 경우는 드물다. 그들이 진짜로 신경 쓰는 것은 오히려 자신이 무슨 말을 할 수 있을지, 자신의 생각을 어떻게 표현할 수 있을지다. 그리고 그 생각에 누군가가 공감해주고 동의해주기를 바란다.

그렇기에 우리는 때때로 오해하고, 너무 많은 의미를 부여하고, 타인의 반응에 일희일비하기도 한다. 하지만 알고 보면 긍정과 부정의 차이는 생각의 한 끗 차이에 불과하다. 같은 상황을 두고도 어떤 사람은 가능성을 보고, 어떤 사람은 한계를 본다. 어떤 사람은 그것을 기회라 여기고, 또 다른 이는 실패의 시작이라 느낀다. 결국 그 차이를 만드는 것은 외부의 조건이 아니라, 내면의 관점이다.

부정적인 마음도 자세히 들여다보면, 그 속에 긍정으로 나아갈 실마리가 숨어 있다. 억누르기보다는 감정을 인정하고, 적당한 거리를 두며 바라보는 것이 더 현명할 수 있다. 중요한 건 그 감정을 언제 드러내고 언제 잠시 감춰야 할지 아는 태도다. 나는 감정에 끌려다니기보다, 스스로 마음의 균형을 잡을 줄 아는 사람이 되고 싶다. 감정을 무시하지 않으면서도, 그 감정에 휘둘리지 않는 사람이.

"이것은 옳은 생각인가요?"

"아니요!" (연습해보기로 하자. 단, 상황에 따라 사용하자)

**마음속 어둠을 완전히 밀어내기보다,
함께 살아가는 법을 배운 적 있나요?**

일기日記는 가장 흥미로운 내 삶의 기록

♦ 일기 ♦
그날 하루 겪은 일, 생각, 느낌을 적는 개인적 기록

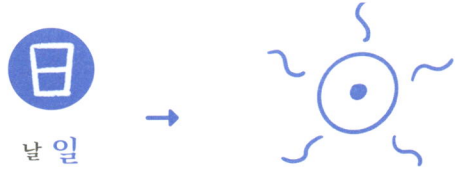
날 일

태양과 주변으로 뻗어나가는 빛.

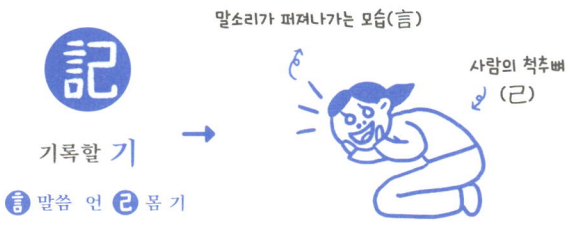
기록할 기
🔵 말씀 언   🔵 몸 기

머릿속에 나의 말을 간직하다.

물건을 찾으러 들어간 팬트리에서, 오늘따라 유독 눈에 거슬리는 상자들이 보였다. 평소엔 거들떠보지도 않던 것들인데, 웬일인지 갑작스레 정리 욕구가 불타올랐다. 하지만 그 열정은 오래가지 않았다. 인생의 보물 상자라며 소중히 간직하던 상자가 완전히 뒤집혀 떨어졌기 때문이다.

"아오… 화나네."

발등 위로 떨어진 상자를 씩씩거리며 옆으로 퍽 밀쳐버리자, 안에 든 내용물들이 와르르 쏟아졌다. 순간 얼음처럼 굳은 채 생각했다. 이렇게 화낸다고 뭐가 달라지지. 결국 이 일도 내 몫인데. 마음을 다잡고, 쏟아진 물건을 줍기 위해 조심스레 쪼그려 앉았다. 상자 안에는 고이 간직해둔 편지, 사진, 공책이 들어 있었다. 하나하나 다시 담으며 오랜만에 추억들을 마주하자. 내 파릇했던 청춘이 스멀스멀 떠올랐다. 그중에서도 한 권의 일기장이 눈에 띄었다. 2년 전, 내가 쓴 것이었다.

'딱히 기억에 남는 날도 없었는데….'

의심 섞인 마음으로 한 장 한 장 일기를 넘겼다. 무미건조한 나날이었다고 생각했지만, 그 시절의 나는 꽤 재미난 생각들을 하며 살아갔다. 글솜씨가 특별한 것도 아닌데 정말이지 흥미진진했다. 구부린 다리가 시큰거리는 줄도 모르고, 혼자 큭큭 웃으며 읽어 내려갔다. 어떤 날의 기록은 가슴이 저릿할 만큼 아파와 눈물을 줄줄 흘리기도 했다. 최근에 이렇게 몰입해서 읽은 글이 있었던가? 아마, 2년 전 내가 쓴 이 일기만큼 재미있던 글은 없었던 것 같다.

'일기日記'는 '날 일日' 자와 '기록할 기記' 자로 이루어진 말이다. '일日'은 태양을 형상화한 글자로, '날', '해', '날의 수' 같은 의미를 지닌다. '기記'는 말소리가 퍼져나가는 '말씀 언言'과 사람의 척추뼈를 형상화하거나 밧줄을 표현한 '몸 기己'가 결합된 글자다. 즉, 머릿속에 나의 말을 간직한다는 의미로 '기록하다', '적다', '외우다'라는 뜻을 담고 있다. 결국 '일기日記'는 날마다 나 자신을 기록하는 일이다.

일기를 쓰기 전엔 늘 생각했다. 이게 과연 무슨 의미가 있을까? 초등학교 시절, 방학 내내 일기를 미뤘다가 개

학 전날 들켜서 엄마한테 혼나고, 눈물 콧물 범벅으로 새벽까지 몰아 쓰던 기억이 떠오른다. 그렇게 쓰기 싫어하던 일기를 지금은 아무도 시키지 않아도 스스로 쓰고 있다.

매일 일기를 쓰게 된 계기는 선명하게 기억한다. 나는 문구류를 좋아해서 매년 예쁜 다이어리를 사곤 했지만, 몇 장 쓰고 나면 방치하기 일쑤였다. 그러던 어느 날, 도저히 참기 힘든 분노가 치밀어 오르는 일이 있었다. 용암처럼 끓어오르는 감정을 어디든 쏟아내지 않으면 안 될 것 같았다. 그렇게 펜을 꽉 쥐고 다이어리에 쉼 없이 써 내려갔다. 얼굴이 붉어졌다가 푸르러졌다가 온 힘을 다해 속마음을 적고 나니 놀랍게도 마음이 후련해졌다.

그날의 일기는 마치 현실판 '데스노트' 같았다. 글을 쓰는 것만으로도 내 감정을 해소하고, 정리하고, 위로할 수 있다는 걸 그때 처음 깨달았다. 예전에는 기록이란 위인이나 특별한 사람만 하는 일이라고 생각했다. 『안네의 일기』나 『난중일기』를 읽는 건 참 재밌었지만, 내 삶을 글로 남긴다는 건 상상해본 적도 없었다. 하지만 곰곰이 생각해 보면 사람들은 누구나 과거를 회상하며 이야기하길 좋아한다. 그렇다면, 내게 가장 흥미로운 이야기는 바로 나의 과거가 아닐까?

매년 다이어리를 새로 사곤 했지만, 3년 전부터는 '5년 일기장'을 쓰고 있다. 같은 날짜의 5년치 기록을 한눈에 볼 수 있다는 점이 매력적이었다. 작년엔 그저 평범했던 하루가 올해는 그리움 가득한 날이 되기도 하고, 어떤 날은 과거의 나에게서 삶의 팁을 얻기도 한다. 웃고, 울고, 감탄하며 기록 속에서 그날의 희로애락을 고스란히 되살릴 수 있다. 미래의 나에게 오늘의 이야기가 소소한 즐거움이자 작은 선물이 되길 바라며, 오늘도 하루를 기록해본다.

베스트셀러를 왜 멀리서 찾는가. 내 일기장이 가장 흥미로운 이야기인데.

**하루의 끝에서 당신이 가장
솔직해지는 순간은 언제인가요?**

하루의 시작과 끝은 인사人事로

◆ 인사 ◆
상대방을 만나거나 작별할 때 예의와 존중을 담아 표현하는 말이나 행동, 태도

서 있는 사람의 모습.

일을 수행하는 사람.

"안녕히 가세요, 좋은 하루 보내세요!"

버스 시간이 촉박해 급히 탄 택시에서 내릴 때, 기사님의 호탕한 웃음과 함께 들려온 인사는 참 정다웠다.

"안녕히 계세요, 기사님도 좋은 하루 되세요!"

급한 마음을 잠시 잊은 채 나도 모르게 밝게 인사를 건넸다. 짧게 주고받은 몇 마디였지만, 그 소소한 대화 덕분에 기분 좋게 하루를 시작할 수 있었다. '오늘 하루는 시작이 좋은데?' 속으로 생각하며 인사의 힘을 새삼 느꼈다.

사실, 내가 누군가에게 인사하는 일은 생각보다 많은 용기가 필요하다. 특히 처음 보는 사람과 대화할 때 목소리 톤은 어떻게 할지, 어떤 표정을 지을지, 그 짧은 순간에도 속으로 여러 가지를 계산하게 된다. 그러다 가끔 나의 인사가 상대방에게 들리지 않거나 무심코 지나쳐질 때면, 생각만 해도 흰개미굴 속에라도 숨고 싶을 만큼 민망해진다. '괜히 인사했나? 쳇, 이제 인사 안 할래'라며 굳게 다짐하지만, 다음 날 마주친 이웃이 방긋 웃으며 건네는 "안녕하세요." 한마디에 그 다짐은 금세 사르르 녹아버리고 만다. 그렇게 내 마음을 쥐락펴락하는 인사의 한자는 어떤 뜻을 지녔을까?

'인사人事'는 '사람 인人'과 '일 사事'로 이루어진 단어다. '인人'은 팔을 아래로 내린 사람의 모습을 형상화한 글자로 '사람', '인간'을 뜻한다. '사事'는 고대 문자에서 도구나 무기를 손에 든 사람의 모습을 본뜬 글자로, 일을 수행하거나 어떤 행위를 하는 모습을 형상화한 글자다. 따라서 '사事'는 단순한 행위부터 맡은 바 임무나 업무에 이르기까지 폭넓은 '일'을 의미한다. 이러한 의미가 합쳐진 '인사人事'는 사람과 사람 사이에서 이루어지는 모든 일을 뜻하며, 그 중에서도 특히 예의와 태도를 뜻하는 말이다.

인사가 예의를 표현하는 행위라는 걸 알고 나니, 더 용기 내어 배짱 있게 인사하고 싶어졌다. 작다고 여겼던 말 한마디가 누군가에게 기분 좋은 하루를 선사할 수 있다면, 나는 기꺼이 수없이 인사를 건네고 싶다. 자주 가는 카페에 가기 위해 엘리베이터에 탔을 때, 처음 보는 아이가 밝게 인사했다. "안녕하세요!" 머쓱했는지 "띠로 리로 띠다~" 하고 노래를 부르기 시작했는데, 그 순수한 모습이 어찌나 귀엽던지, 절로 미소가 지어졌다.

어쩜 저 친구는 인사성이 참 바르구나. 분명 훌륭한 사람이 되겠다. 나는 어릴 적에 인사도 잘 못했는데…. 예전 어른들이 늘 인사 잘 해야 한다고 하시던 말씀이 이제야 마음 깊이 와닿는다.

인사를 안 한다고 욕먹는 사람은 봤어도, 인사를 많이 해서 싫어하는 사람은 단 한 번도 본 적이 없다. 오히려 무뚝뚝하고 무서워 보이던 사람도, 따뜻한 인사 한마디에 포근한 곰돌이처럼 느껴지기도 한다. 어떤 상황에서도 반갑지 않은 인사는 없었다. 운전 중에 종종 차가 갑자기 끼어들어 화가 날 때도, 비상등으로 무언의 인사를 건네는 상대를 보면 마음이 너그러워지는 것처럼 말이다. 인사를 많이 한다고 내 마음이 닳는 것도, 우스워 보이는 것도 아니었다. 그런데 왜 그토록 인사를 아끼려고 했던 걸까. 이제는 차마 부끄러워 꺼내지 못했던 인사를 아낌없이 건네야겠다.

하루의 시작에는, "안녕하세요. 오늘도 마음에 햇살이 깃드는 하루가 되셨으면."

하루의 마무리에는, "안녕히 주무세요. 오늘은 제 꿈 꾸시길(음… 이건 악몽일까?)."

**오늘 몇 번의 진심 어린
인사를 주고받았나요?**

사랑 표현表現은 가볍게, 모진 표현表現은 무겁게

◆ 표현 ◆
생각이나 느낌을 언어나 몸짓 따위의 방식으로 표출하여 나타냄

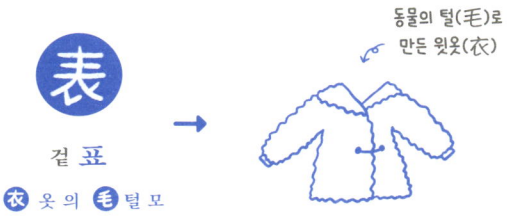

겉에 걸치는 옷.

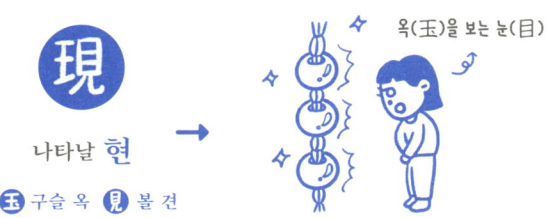

빛나는 옥을 지켜보는 시선.

조금은 슬프고도 잔인한 이야기지만, 생각보다 사랑하는 사람에게 내 마음을 표현할 수 있는 시간은 그리 많지 않다. 돌아가신 외할머니께 죄송하고, 그립고, 보고 싶고, 사랑한다고 수천 번, 수만 번 외쳐 보아도, 그 말은 이제 닿을 수 없는 것처럼 느껴진다. 마음껏 살을 맞대고 부비며 함께했던 날들에는, 내일도, 다음 달도, 몇 년 뒤에도 사랑을 전할 수 있는 시간이 당연히 존재할 거라 믿었다. 그래서 늘 '더 좋은 날'을 기다리며 사랑의 표현을 미뤘다. 하지만 어느 날, 외할머니를 세상의 반대편으로 떠나보내고 나서야 깨달았다. 이제 내 마음을 전할 수 있는 대상은 그저 하늘에 떠 있는 달뿐이라는 것을.

아무 조건 없이 받았던 그 절대적인 사랑이 문득문득 그리워질 때면 왜 자꾸 내가 잘못한 일들만 떠오르는 걸까. 땅을 치고 후회할 일들이 너무도 많지만, 그중에서도 가장 마음 아픈 건 "사랑해요", "감사해요"라는 이 짧고도 쉬운 말들을 충분히 하지 못했다는 사실이다. 이토록 사랑이 가득한 마음을 굳이 꺼내지 않아도, 다 알아주실 거라는 막연한 믿음이 있었다. 그래서 진심을 담은 "사랑해요"라는 한마디조차 제대로 꺼내지 못한 채, 소중한 시간을 그렇게 흘러보냈다. 살면서 몇 번 마주칠 뿐인 사람들에게는 그렇게도 상냥했던 내가, 정작 가장 가까운 사람들에게는 왜 그렇게 쉽게 모진 말을 내뱉었을까. 결국 언젠가는 뼈저리게 후회할 걸 알면서도 말이다. 나는 쉽게 꺼내야 했던 말들은 어렵게 뱉고, 어렵게 꺼내야 했던 말들은 너무도 쉽게 뱉는, 어리석은 사람이었다.

'표현表現'은 '겉 표表' 자와 '나타날 현現' 자로 이루어진 단어다. 고대 문자 해석에 따르면, '표表'는 윗옷을 형상화한 '옷 의衣'와 양쪽으로 펼쳐진 깃털을 형상화한 '털 모毛'가 결합한 글자이다. 본래는 동물의 털로 만든 겉옷을 의미했지만, 점차 '겉', '바깥', '나타내다'라는 뜻으로 확장되었다.

'현現' 자는 빛나는 옥을 뜻하는 '구슬 옥玉'과 그것을 바라보는 눈의 모습을 형상화한 '볼 견見'이 결합된 형성문자다. 옥을 다듬으면 그 속의 아름다운 빛이 서서히 드러나는 것처럼, '나타나다', '드러내다'의 의미를 갖게 되었다. 결국 '표현表現'이란, 내 마음 속의 생각이나 감정을 겉으로 표출하여 나타낸다는 뜻이다.

그렇다면 이제라도, 사랑하는 이들에게 그들이 얼마나 소중한 존재인지 꼭 전해야 하지 않을까? 옥처럼 반짝이는 내 마음을 꺼내지도 않은 채, 가슴속에만 간직하기엔 너무 아깝다. 비수처럼 날카로운 말은 그리도 쉽게 뱉으면서, 왜 정작 따뜻한 사랑의 말들은 이토록 무겁고 조심스러울까. 아끼고 아끼다 쓰지 못한 화장품이 결국 유통기한이 지나 버려지듯, 사랑도 마찬가지다. 제때 말하지 않으면, 결국은 전할 수 없는 순간이 오고 만다.

사랑에는 다양한 형태가 있지만, 한글의 '사랑'이라는 단어는 그 모든 종류를 포괄하는 포근하고 넉넉한 말이다. 반면, 한자에는 사랑의 의미를 좀 더 구체적이고 섬세하게 표현하는 단어들이 있다. 나처럼 사랑을 어떻게 표현해야 할지 막막하고 서툰 사람들을 위해, 그동안 차곡차곡 마음속에 모아두었던 '사랑의 표현'을 이제 꺼내어 함께 나눠보려 한다.

경애敬愛	공경하고 사랑하는 마음	애교愛嬌	사랑스럽고 귀엽게 행동함
권애眷愛	돌보거나 혹은 보살펴 사랑함	애인愛人	서로 애정을 나누어 마음에 그리며 사랑하는 사람
귀애貴愛	귀여워 사랑함	애련愛戀	사랑해서 그리워함
애증愛憎	사랑과 미움을 합하여 이르는 말	애력愛力	사랑이 지닌 힘
모애慕愛	사모하며 사랑함	애모愛慕	사랑하고 그리워함
박애博愛	모든 사람을 평등히 사랑함	애열愛悅	사랑하며 기뻐함
보애寶愛	보배로이 여겨 사랑함	애양愛養	사랑해서 귀엽게 기름
범애汎愛	차별하지 않고 널리 사랑함	애정愛情	사랑하는 정 혹은 마음
상애相愛	서로를 사랑함	애착愛着	지극히 사랑하거나 끌려서 떨어지지 아니함
사애私愛	남모르게 사랑함	애호愛好	좋아하며 사랑함
순애純愛	순수하며 깨끗한 사랑	애타愛他	타인을 사랑함
신애信愛	신뢰하고 사랑함	애서愛書	책을 아끼며 사랑함
심애深愛	깊게 사랑함	애육愛育	사랑해서 귀엽게 기름

연애戀愛	매력에 서로 몸과 마음이 이끌려 사귐	애은愛恩	은혜와 사랑
은애恩愛	은혜와 사랑을 합하여 이르는 말	애념愛念	애달피 사랑하는 마음
익애溺愛	흠뻑 빠져 과하게 사랑하거나 귀여워함	애석愛惜	소중하게 여겨서 아낌
인애仁愛	어진 마음으로 타인을 사랑함	금슬琴瑟	부부 사이의 사랑
절애切愛	매우 사랑함	은정恩情	은혜로이 사랑하는 마음
종애鍾愛	사랑을 한곳으로 모음	광모狂慕	미친 듯이 열렬하게 사모함
중애重愛	소중히 여기어 사랑함	상호相好	서로를 좋아함
지애至愛	한없이 깊은 사랑	최호最好	제일 좋아함
최애最愛	제일 사랑함	연모戀慕	상대를 사랑해 간절히 그리워함
총애寵愛	유달리 귀여워 하고 사랑함	연심戀心	사랑해서 그리워함

　　이처럼 세상에는 참으로 다양한 애정 어린 표현들이 존재한다. 놀랍게도 우리가 알고 있는 이 말들조차 사랑의 언어 중 극히 일부분일 뿐이다. 어쩌면 사랑은 마음속에 가만히 품고만 있을 것이 아니라, 하나하나 꺼내

어 말로 전할 때에야 비로소 온전해지는 감정인지도 모른다. 이제부터라도 내 곁에 있는 소중한 사람에게 더 이상 '나중에'라는 말로 미루지 말고, 사랑의 말을 하나씩 꺼내어 전해보자. 말로 전하는 사랑은 결코 가벼운 것이 아니다. 사랑만큼은 입이 마르고 닳도록 후회 없이 말해보자. 모진 말에는 닻을 내려 깊은 바다 아래 가라앉히고, 따뜻한 사랑의 말들에는 돛을 달아, 바람을 타고 훨훨 사랑하는 이에게 닿기를 기원한다.

사랑을 말로 자주 표현하는 편인가요?
아니면 행동으로 보여주는 편인가요?

삐뽀삐뽀, 내 마음 구조救助 요청

◆ 구조 ◆
재해나 사고로 위기에 빠진 사람을 구하고 보살펴줌

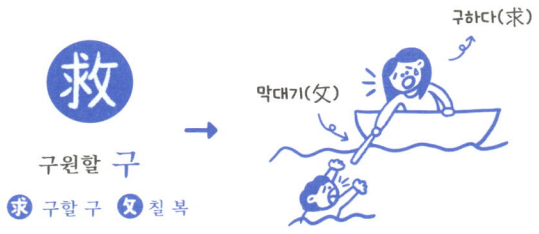

위기에 처한 사람을 위해 막대기를 내민다.

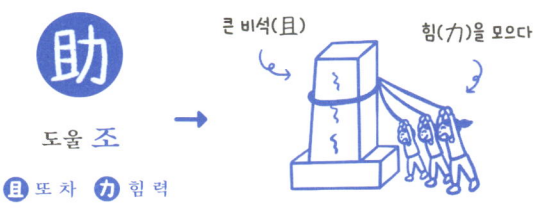

큰 비석을 세우려고 여러 사람이 힘을 모으다.

공수래공수거空手來空手去.

　빈손으로 왔다가 빈손으로 간다는 이 말은, 결국 모든 것을 놓고 떠나야 하는 삶의 이치를 담고 있다. 원래는 재물에 대한 말이지만, 어떤 이들은 이를 인간사에 빗대어 해석한다. 세상에 나 혼자 왔다가 결국 나 혼자 돌아간다는 의미다.

　요즘은 이런 해석에 공감하는 이들이 많아졌다. '혼자 이겨내는 법', '사람은 원래 혼자다', '혼자서 잘 살기' 같은 말들이 자연스럽게 들려온다. 그러나 엄밀히 말하면 인간은 본래 혼자 살아가기 어려운 존재다. 우리가 살아가는 모든 순간, 다른 사람의 손이 닿지 않은 곳은 없다. 한 끼의 식사, 옷 한 벌에도 수많은 손길이 스며 있다.

　그런데도 우리는 종종 혼자 살아야 한다는 생각에 사로잡힌다. 어쩌면 그것은 선택이 아니라 상처를 피하기 위해 배운 생존 방식일지도 모른다. 혼자가 되기를 선택한 것이 아니라 혼자가 되는 법을 익힌 것이다. 하지만 인생을 살다 보면, 혼자 감당할 수 없는 일들이 찾아온다. 꼭 외적인 사건이 아니라, 마음이 무너지는 순간도 있다. 등산 중 길을 잃거나 다쳤을 때 사람들은 구조를 요청한다. 그렇다면 마음의 위기에도 구조 요청을 할 수 있을까?

'구조救助'는 '구원할 구救'와 '도울 조助'로 이루어진다. '구救'는 막대를 손에 들고 있는 '칠 복攴'과, 따뜻한 털옷을 간절히 구하는 모습을 형상화한 '구하다 구求'가 합쳐진 글자다. 즉, 위기에 처한 사람을 위해 막대기를 내미는 모습을 뜻한다.

'조助'는 큰 비석을 세우려고 힘을 모은다는 의미로, '또 차且'와 '힘 력力'이 결합된 글자다. 결국 '구조救助'란, 위기에 빠진 사람을 도와 구한다는 뜻이다.

이 뜻을 알고 나니, 위기에 처해 구조를 요청하는 건 자존심 상하는 일도, 부끄러운 일도 아니라는 생각이 들었다. 오히려 너무도 자연스럽고 당연한 일이다. 백지장도 맞들면 낫다고 하지 않는가. 그럼에도 상처받은 경험이 쌓일

수록, 사람에게 기대는 것이 점점 두려워진다. 멀리 도망가 혼자 살아가고 싶다는 생각도 든다. 하지만 안타깝게도, 우주 어딘가에 홀로 떨어지지 않는 이상 인간은 결코 혼자 살아갈 수 없다. 요가 수업도, 배달 음식도, 푹신한 침대도 누군가의 손길 없이는 존재할 수 없다. 혼자 살아간다고 믿고 있는 사람조차 결국은 타인의 노동과 온기에 기대고 있다.

"자급자족하면 되지"라고 말할 수도 있다. 하지만 확실한 건, 인간은 본래 혼자 살아가기엔 그리 강한 존재가 아니었다는 것이다. 오랜 세월 인간이 살아남을 수 있었던 이유는 사회를 이루고 서로를 도왔기 때문이다. 스스로 단단하다고 믿으며 끝내 손을 내밀지 않는다면, 언젠가는 툭, 하고 부러질 수 있다.

그러니 혼자 감당할 수 있을 만큼만 감당하고 더는 버거울 땐 용기 내어 손을 내밀자. 유연하게, 자연스럽게. 그리고 그때 가장 중요한 건 신호를 보내는 것이다. 아무런 신호도 없다면 아무도 다가올 수 없다. "나를 구원해줄 사람은 없어"라고 실망하기 전에 사람에게든, 종교에게든, 다른 무언가에게든 살려달라는 단순한 신호 하나를 보내자. 쓰러졌을 때 119를, 위험할 때 112를 누르듯이. 그렇게 우리 모두, 세상에서 가장 소중한 존재인 나 자신을 지켜보자.

"· · · · – – – · · · ·" (SOS 모스부호)

**괜찮은 척하느라 구조 신호조차
보내지 못했던 순간, 기억하시나요?**

공든 탑을 무너뜨리는
강단剛斷 키우기

• 강단 •
굳은 의지를 가지고 꿋꿋하게 견디내고 결단하는 힘

굳셀 **강**

岡 산등성이 강 刀 칼 도

칼로도 잘리지 않는 견고함.

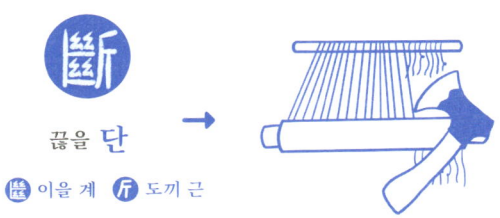

끊을 **단**

㡭 이을 계 斤 도끼 근

베틀에 짜인 천을 도끼로 쳐내다.

시간과 정성을 다해 쌓은 탑일수록, 무너뜨리기는 더 어렵다. 코바늘로 무선 이어폰 케이스를 만들며, 그 말을 새삼 실감했다. 처음엔 단순한 실수였다. 만들수록 코의 수가 줄어들었다.

'어? 이러면 안 되는데….'

겉모양이 제법 그럴싸해지는 게 아까워 멈추지 못했다. 설명서와는 점점 어긋나기 시작했고, 이상하다는 걸 알면서도 그냥 계속 떠갔다. 이미 여러 번 만들어본 터라 완성품에 대보면 얼핏 비슷해 보였고, 마침내 완성된 케이스는 겉보기엔 멀쩡했다. 기쁜 마음으로 얼른 이어폰을 넣어봤다.

"이런! 안 들어가잖아!"

크기가 작아져 버렸다. 아뿔싸, 방심했다. 코의 수가 줄어든다는 건 결국 전체 크기가 작아진다는 뜻이었다. 그 사실을 눈치챘을 때, 실을 끊거나 처음부터 다시 시작했어야 했다. 하지만 그러지 못했다. 지금까지 들인 수고를 포기할 용기도, 다시 시작할 결단도 없었다. 우유부단한 내 모습이 못마땅했다.

"끊을 땐 끊고, 다시 시작할 줄 아는 강단을 키우고 싶어!"

'강단剛斷'은 '굳셀 강剛' 자와 '끊을 단斷' 자로 이루어진 단어다. '강剛' 자는 칼로도 쉽게 부서지지 않는, 강철 같은 단단함을 의미하며 '굳세다', '강직하다', '억세다'라는 뜻을 지닌다. '단斷' 자는 베틀에 짜인 천을 도끼로 과감히 쳐내는 모습을 본뜬 글자로, '끊다', '결단하다', '나누다' 등의 뜻을 담고 있다. 결국 강단이란, 굳세고 단단하게 견뎌내고 결단하는 힘을 의미한다.

강단을 키운다는 건, 곧 끊을 수 있는 힘을 기르는 일이다. 이상하게도 나이를 먹을수록, 가던 길만 가고 싶어진다. 아는 일만 하고 싶고, 편한 사람만 만나고 싶고, 익숙한 동네에서만 머물고 싶다. 예전엔 스스로를 쉽게 싫증 내는 사람이라 여겼지만, 이제는 싫증보다 재도전이 어렵다는 걸 자주 느낀다. 그래서인지 더 나은 길이 있다는 걸 알면서도, 익숙하다는 이유 하나로 그 길을 계속 걷게 된다. 이미 걸어온 시간이 아까워서다. 그렇게 나는 점점 이상한 고집을 키워갔다.

길만 그런 게 아니었다. 실패의 기억들이 차곡차곡 쌓이면서, 다시 해도 잘된다는 보장이 없다는 의심이 늘 발목을 잡았다. 그래서 어떤 날은 찝찝한 마음을 안은 채 눈앞의 일을 대충 마무리하고 말았다.

"그때 다시 했으면 더 잘할 수 있었을 텐데….'

그렇게 끝낸 일은 언제나 후회로 돌아왔다. 그 순간, 나에게 정말 필요했던 건 바로 그 한 끗의 강단이었다. 무너질 줄 알면서도 계속 쌓는 건, 어쩌면 가장 어리석은 일이다. 이제는 아닌 건 확실히 끊고, 더 견고하고 단단하게 쌓아가고 싶다.

공든 탑을 무너뜨릴 수 있는 용기,
그게 진짜 강단이다.

**익숙함과 안정감을 버리고
새로운 시작을 한 경험이 있다면 그것은 어떤 일이었나요?**

4장

극복克復할 수 있다는 말이
의심될지라도

위기危機가 기회라고?

◆ 위기 ◆
위험하고 위태로운 시기나 고비

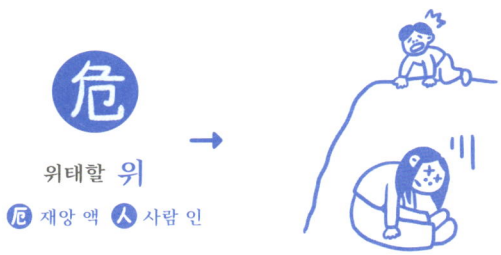

절벽 밑으로 떨어져 아슬아슬한 상황.

직조기로 옷을 만들기 위해 날실을 오르내리는 모습.

"뭐 하나 쉬운 게 없냐."

나는 유독 이런 말이 절로 나오는 순간들이 많았다. 남들이 쉽게 가는 길도 꼭 돌아서 갔고, 99퍼센트의 확률에도 꼭 1퍼센트를 겪는, 그런 사람이었다. 마치 세상이 유독 나에게만 야박한 건 아닌가 싶었다. 점점 주눅이 들었고, 지금 내가 걷고 있는 이 길이 정말 맞는 길인지 확신이 들지 않았다. 답답한 마음에 엄마에게 전화를 걸어 하소연을 했다.

"엄마, 나는 왜 이렇게 매번 일이 평탄하게 풀리지 않을까?"

잠시 내 말을 조용히 듣고 있던 엄마는 잔잔히 웃으며 말했다.

"그렇긴 하지만, 너는 항상 결국 잘 해내잖아."

나는 한숨을 푹 쉬며 중얼거렸다.

"그치… 잘 해내긴 하지."

그러자 엄마는 덧붙였다.

"그리고 너는 항상 더 똑똑하게, 더 좋은 방법을 찾아내기도 하고!"

수화기 너머로 풀이 죽은 내 목소리가 안쓰러웠던지, 엄마는 따뜻한 말로 나를 다독였다. 맞다. 그동안 수많은 위기가 있었지만, 그때마다 어디서 그런 힘이 솟아났는지 모르게 결국 잘 이겨냈다. 나를 끈질기게 찾아오는 '위기'라는 이 지겨운 녀석은 왜 이렇게 자주 찾아오는 걸까.

'위기危機'는 '위태할 위危'와 '틀 기機'로 이루어진 단어다. 고대 문자의 해석에 따르면, '위危'는 절벽 밑으로 사람이 떨어지는 모습을 형상화한 '재앙 액厄'과 '사람 인人'이 결합된 글자다. 말 그대로 아슬아슬하고 불안한 상황을 뜻한다.

반면 '기機'는 '나무 목木'과 옷감을 짜는 직조기를 본뜬 '몇 기幾'가 결합된 글자다. 직조기 작업에 따라 옷이 잘 나올 수도 있고, 아닐 수도 있기에 '기회', '시기', '전환점'의 의미를 지닌다. 즉, '위기危機'는 단순히 위험한 고비를 뜻하는 것이 아니라, 위태로운 상황 속에 숨어 있는 기회를 뜻한다.

"위기는 곧 기회다"라는 말이 그저 위로처럼 들렸지만, 사실 그 의미는 단어 속에 이미 들어 있었다. 옷감을 완성하려면 수없이 날실을 오르내려야 하듯, 나 역시 수많은 시행착오 속에서 조금씩 나아가고 있었다. 그러니 위기를 느꼈다는 것, 그것만으로도 나는 지금 무언가를 해내기 위해 한 걸음을 내디뎠다는 증거일지도 모른다.

항상 내 길이 남들과 달랐고, 매번 순탄하지 않았던 건, 어쩌면 나만의 기회를 찾아가는 과정이었을지도 모르겠다. 처음부터 쉽게 성공하지 않았기에, 나는 실패에 대처하는 법을 배웠고, 그 경험이 더 나은 길을 보는 눈을 키워주었다. 초심자의 행운은 어쩌면 나에겐 필요 없었던 것이다. 그 어떤 생명도 위기 없이 자랄 수는 없다.

그러니 괜찮다. 지금 이 위기도 언젠가 나를 더 단단하게 만들 한 줄의 날실이 되어줄 것이다. 그렇게 위기를 기회로 바꾸며, 나는 계속 살아가고 있다.

**위기의 순간에 어떤 선택을 했고,
그 선택은 당신을 어디로 데려갔나요?**

고민苦悶도 나와 함께 성장한다

♦ 고민 ♦
어쩔 도리를 몰라 괴로워하고 애를 태움

아주 쓴 풀을 먹는 모습.

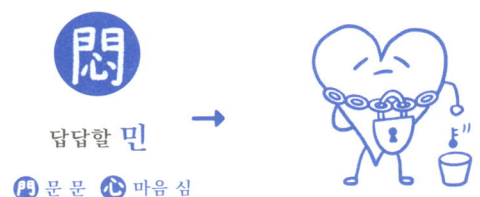

마음의 문이 닫힌 모습.

지금 현재의 고민은 무엇일까? 잠시 10초 동안 눈을 감고 떠올려 보자. 자, 지금 이 고민은 한 달 뒤, 1년 뒤, 10년 뒤에도 여전히 같은 마음으로 남아 있을까?

우리는 종종 "살면서 지금보다 더한 고민을 할까?"라고 생각하지만, 그렇게 열심히 머리를 싸매고 애쓰며 해결한 시간들이 무색하게도 고민은 늘 새롭게 갱신된다. 그리고 당시에는 온 세상이 무너져 내릴 듯 괴로웠던 문제들도, 지금은 무슨 고민이었는지조차 기억나지 않는 경우가 많다. 이 세상에 고민 없는 사람이 있을까? 나 역시, 지금 이 순간에도 고민하고 있다.

점심으로 뭘 먹어야 맛있으려나? 한참을 냉장고 문을 열었다 닫았다 반복하다가, 결국 냉동해둔 피자를 데워 먹었다. 배불리 먹고 나니, 이번엔 디저트로 뭘 먹을까 하는 새로운 고민이 시작됐다. 그러다 문득 혈당 스파이크가 치솟는 게 아닌가 하는 걱정이 머리를 스쳤다. 건강에 대한 고민이 많은 요즘, 괜히 양심에 찔려 손에 쥔 디저트를 내려놓았다. 우리의 머릿속에서는 고민이 꼬리에 꼬리를 물며 멈추지 않는다.

'고민苦悶'은 '쓸 고苦'와 '답답할 민悶'으로 이루어진 단어다. 고대 문자의 해석에 따르면, '고苦'는 식물의 모양을 형상화한 '초두머리 초艹'와 발음을 담당하는 '옛 고古'가 결합한 형성문자로, 쓴 풀을 먹는 모습을 본떠 만들어졌다. 여기에서 '괴롭다', '쓰다', '애쓰다'라는 의미가 파생된다.

'민悶'은 '문 문門'과 '마음 심心'이가 결합된 글자로, 마음의 문이 닫혀 있는 상태를 의미한다. 이로부터 '답답하다', '번민하다'는 뜻이 생겨났으며, '번민하다'는 '마음이 어지럽고 숨이 막히듯 괴로워하다'라는 의미를 담고 있다. 결국 고민이란, 괴로워서 마음의 문이 닫히고, 어찌할 줄 몰라 애간장을 태우는 상태를 뜻한다.

고민은 내 턱에 난 흰 털 같았다. 보기 싫어 아무리 뽑아도 어느새 보면 다시 더 길게 자라나 있었다. 고민도 마찬가지다. 아무리 해결해도 끊임없이 새로운 고민들이 생겨난다. 세월이 흐를수록 그 고민은 심화 과정을 밟듯 복잡하고 깊어진다. 그렇게 깊어진 고민들이 버거워 마음의 문을 닫아버리면 쓰디쓴 걱정을 뱉어낼 수 없어진다. 그렇게 외면한 고민들이 하나둘 쌓여 점점 쓴맛이 강해지고, 쓴맛으로 가득 찬 머리는 달콤한 행복이 와도 제대로 느낄 수 없게 된다.

그러니 우리는 마음의 문을 열고 그 고민들을 정면으로 마주해야 한다. 그리고 차근차근 해결해나가며 고민을 하나씩 덜어내 보자. 유치원 때는 집에 가서 뭐 하고 놀지를 고민했고, 학생 시절에는 시험을 잘 보는 방법과 친구들과 사이좋게 지내는 방법을 고민했다. 성인이 된 지금은 가족의 행복, 사람들과의 관계, 먹고사는 문제, 일을 잘하는 법, 경제적 안정 등 끝도 없는 고민 속에 살아간다.

돌이켜보면, 과거의 나를 흔들었던 대부분의 고민들은 더 이상 삶의 전부가 아니며, 아주 작은 일부분이 되어 있다. 반대로, 예전엔 별거 아니던 고민들이 지금은 내 마음의 반 이상을 차지하고 있기도 하다. 그렇게 고민들은 나와 함께 나이를 먹고 성장해왔다.

만약 그런 고민들을 외면하고 도망치기만 했다면 지금의 나는 존재하지 않았을지도 모른다. 결국 우리는 이런 고민을 하나씩 극복하면서 한 걸음씩 자라나고 있는 것이다. 지금의 이 고민도 언젠가는 웃으며 넘길 수 있는 작은 추억이 되기를.

함께 곱게 늙어보자, 나의 반려 고민 씨.

**오래 붙잡고 있던 고민이
당신을 변화시킨 적이 있나요?**

각성覺醒은
자신을 아는 것에서 시작한다

◆ 각성 ◆

혼란스러운 상태에서 벗어나 재정신을 차림

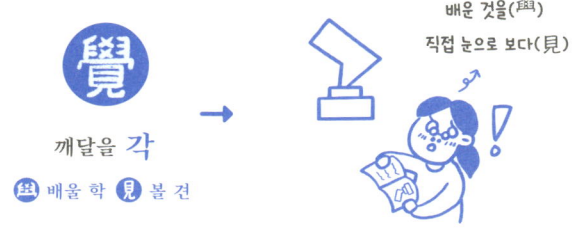

깨달을 **각**

學 배울 학 見 볼 견

스스로 경험하면서 깨우치는 모습.

깰 **성**

酉 닭 유 星 별 성

술에서 깨어나는 모습.

내 친구의 이별 극복 방법은 정말 독특했다. 남자친구와의 이별로 마음이 무너진 그녀는 슬픔에 잠긴 채 여러 날을 보냈다. 아무리 애써도 상처는 쉽게 아물지 않았고, 결국 그녀는 생각을 비워보려는 마음으로 혼자 연탄 봉사를 가기로 결심했다. 언덕을 수없이 오르내리며 연탄을 나르던 중, 그녀는 연신 고마움을 전하는 사람들을 만났다. '모르는 사람도 나에게 고마움을 느끼고, 그 마음을 소중하게 여기는구나.' 그 순간, 친구는 중요한 사실을 깨달았다. 그동안 가장 가까이에 있던 남자친구는 사랑의 감정과는 별개로 그녀를 소중하게 여기지 않았다는 점이었다.

봉사를 마치고 돌아온 뒤, 이별의 상처가 너무 깊어 음식조차 넘기지 못하던 그녀에게 놀라운 변화가 찾아왔다. 몸과 마음이 치유된 걸까. 국밥 두 그릇을 순식간에 비워냈다. 그리고는 결심했다. "이제 나는 나 자신을 제일 소중히 생각할 거야." 그녀는 더 이상 떠나간 연인에 집중하지 않기로 했다. 자신의 가치를 깨닫고 스스로를 아끼고 돌보는 방법을 배운 것이다. 그렇게 그녀는 툭툭 털고 다시 일어설 수 있었다. 이보다 더 기가 막히고 눈물겹도록 성숙하고 멋진 이별 극복 방법이 있을까?

　　나는 수년이 지난 지금까지도 친구가 각성하던 순간을 잊지 못한다. 그건 단순히 이별을 넘는 일이 아니라, 자신을 존중하는 법을 배운 중요한 전환점이었다.

　　'각성覺醒'은 '깨달을 각覺'과 '깰 성醒'으로 이루어진 단어이다. 고대 문자의 해석에 따르면, '각覺'은 '배울 학學'과 눈으로 보는 모습을 형상화한 '볼 견見' 자가 결합된 형성문자이다. 배운 것을 눈으로 보며 깨닫는다는 의미를 담고 있으며, 여기서 '깨우치다', '깨닫다', '터득하다'의 뜻이 파생된다.

　　'성醒'은 술병을 뜻하는 '닭 유酉'와 음을 나타내는 '별 성星' 자가 결합된 형성문자로, 술에서 깨어 정신이 맑아지는 모습을 본뜬 글자다. 즉, '술이 깬다', '정신을 차린다'는 의미가 있다. 결국 '각성覺醒'은 혼란스러운 상태에서 벗어나 정신이 맑아지고 스스로 깨달음을 얻는 상태, 깨어나 정신을 차린다는 뜻이다.

이 단어를 찾아보며 나는 중요한 사실을 깨달았다. 그 누구도 내 삶을 대신 살아줄 수 없고, 내 생각을 대신할 수 없다는 것이다. 그래서 각자에게 맞는, 자기만의 각성 방법을 찾는 일이 무엇보다 중요하다는 걸 알게 되었다.

나는 중요한 약속을 앞두고 긴장될 때면, 약속 당일 아침 눈을 꼭 감고 머리를 감으며 주문을 외운다. "나는 최고야. 뭐든 잘해, 나는. 그리고 모두가 나를 좋아해." 일종의 최면처럼 자기 암시를 반복하며, 자신감 없는 내 모습을 모른 척한다. 그 뒤로는 최대한 당당한 걸음과 밝은 미소로 하루를 보낸다. 그렇게 모든 에너지를 쏟고 집으로 돌아오면, 일주일 내내 침대에 몸져눕는다. 온몸의 마디마디가 쑤실 정도로 힘들지만, 이상하게도 그런 날은 늘 뿌듯했다.

우리는 살아가며 수많은 고난과 역경을 마주한다. 그럴 때마다 누군가에게 조언을 구하거나 위로받기도 하지만, 아무리 완벽한 말이라도 내 고통을 사라지게 하진 못했다. 결국 내가 직접 눈을 뜨고 몸을 움직여야만 비로소 해결되는 일이었다. 내 친구처럼 몸을 움직여 봉사 활동을 통해 새로운 깨달음을 얻기도 하고 나처럼 내면에 최면을 걸어 스스로를 끌어올리기도 한다.

각성의 방법은 사람마다 다르고, 정답은 없다. 하지만 누구나 자신만의 방식으로 자신을 일깨우는 그 순간부터 진정한 변화가 시작된다. 그러니 지금부터 마음의 눈을 크게 떠보자. 아무리 눈부신 별빛이 쏟아져도 눈을 감고 있다면 그 아름다움을 보지 못하니까.

**깨달음은 꼭 거창하지 않아도 된다는 걸,
언제 처음 느껴보았나요?**

여러해살이 꽃처럼 꺾이지 않는 근기根氣를 지니자

• 근기 •
기반이 되는 힘 혹은 꿋꿋하게 견뎌내는 힘

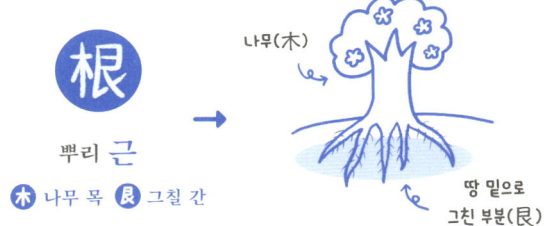

나무가 땅 아래로 뻗어가며 그친 부분(뿌리).

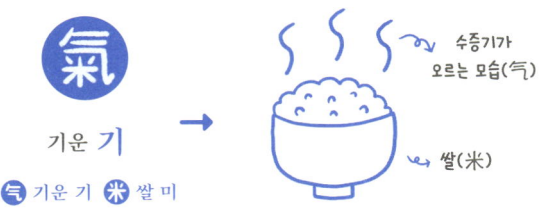

김이 모락모락 나는 따뜻한 쌀밥.

결혼기념일을 맞아 남편과 함께 부산으로 여행을 떠났다. 우리는 보수동 책방골목을 찾았고 옛 감성이 물씬 풍기는 그 거리를 천천히 걸으며 예약해둔 사진관의 순서를 기다렸다. 그러던 중 골목 끝 작은 책방에서 흥미로워 보이는 퍼즐 책이 눈에 들어왔다. 문득 퍼즐에 도전하고 싶었다. 사장님께 퍼즐을 사겠다고 하자, 사장님은 웃으며 물으셨다.

"이 퍼즐을 풀려면 연필이 필요한데 좀 드릴까요?"

"너무 좋아요! 감사합니다."

내가 기쁘게 대답하자, 사장님은 두 손 가득 몽당연필 여러 자루를 꺼내 보여주셨다.

"제가 불교 필사를 해요. 그래서 이렇게 몽당연필이 많아요. 제가 필사한 거 한번 보실래요?"

사장님이 꺼내 온 필사본은, 어린 시절 보았던 빨간

줄이 그어진 원고지에 정갈하게 쓰인 한문으로 가득했다. 놀라웠던 건 그 글씨체였다. 한 글자 한 글자, 마치 온 마음을 꾹꾹 눌러 담은 듯한 정성 어린 글씨에는 그 모습을 보지 않아도 알 수 있는 사장님의 진심이 고스란히 담겨 있었다.

"나는 매일 꾸준히 불교 필사를 해요. 이렇게 해서 벌써 몇 권을 썼어요."

그 순간, 사장님의 눈빛은 유난히 빛나 보였다. 오랜 시간 책방 한 켠에서, 아무도 알아주지 않아도 한 자 한 자 글을 써 내려갔을 모습이 떠올랐다. 그동안 같은 자리에서 책방을 지켜올 수 있었던 힘은 바로 이런 꾸준함이 아니었을까? 사장님의 모습에서 나는 문득 생각했다. 나도 같은 자리에서 혼자 묵묵히 해낼 수 있을까?

'근기根氣'는 '뿌리 근根'과 '기운 기氣'로 이루어진 단어다. 고대 문자의 해석에 따르면, '근根' 자는 '나무 목木'과 '그칠 간艮'이 결합한 형성문자로 나무가 땅 아래로 뻗어가며 그친 지점을 형상화한 글자이다. 이는 '뿌리', '근본', '밑동'이라는 의미를 담고 있다. '기운 기氣'는 수증기가 오르는 모습을 본뜬 '기운 기气'와 '쌀 미米'가 결합된 형성문자이다. 결국 근기根氣 란 뿌리처럼 깊고 단단하게 자리 잡은 힘, 즉 쉽게 흔들리지 않는 지속적이고 내면적인 힘을 뜻한다.

　　사장님은 겉으론 잘 드러나지 않았지만, 깊고 단단하게 뿌리를 내리고 계신 분이었다. 그 뿌리를 나도 갖고 싶다는 생각이 들자 불현듯 여러해살이꽃이 떠올랐다. 다년생 식물은 뿌리와 줄기, 가지가 오랜 시간 천천히 자라며 해마다 꽃을 피운다. 그중에서도 나는 벚나무를 떠올렸다. 평소에는 무심히 지나치기 쉬운 나무지만, 해마다 봄이 오면 짧은 시간 동안 찬란한 꽃을 피워낸다.

　　비가 내려 꽃이 일찍 지더라도, 벚나무는 다음 해 더 풍성한 꽃을 피우겠다는 듯 그 자리를 지킨다. 자연재해가 닥쳐도 굳건히 견디며 다시 피어난다. 그 뿌리는 얼마나 깊게 내려가 있을까. 아마도 나무 자신만이 알겠지. 그처럼 단단한 뿌리를 내리기 위해서는 눈에 보이지 않지만 속을 든든히 채우는 '기운 기氣' 자의 힘이 필요하다.

벚나무는 겨울에서 초봄까지 잎도 없이 뿌리로 영양분을 흡수하고, 봄이 되면 그 에너지를 모아 꽃을 피운다. 꽃이 지면 잎이 나고, 다시 광합성으로 내년을 준비한다. 나도 언제 꽃을 피울 수 있을지는 모른다. 하지만 그 시간이 잠깐일지라도, 다시 피울 수 있는 단단한 뿌리를 내리고 싶다. 어떤 시련이 와도 흔들리지 않고 묵묵히 견뎌낼 수 있는 내면의 힘을 키우고 싶다. 겉으로 보이는 것보다 더 깊고 강한 뿌리를 내리며, 언젠가 나만의 꽃을 피우는 그날을 위해 오늘도 조용히 나를 채워간다.

**매해 다시 피어나는 꽃처럼
당신은 어떤 힘으로 견뎌내고 있나요?**

자신만의 계절季節은 반드시 찾아온다

◆ 계절 ◆
한 해 동안 되풀이되는 자연의 변화를 기준으로 나눈 시기

계절 계
禾 벼 화　子 아들 자

아직 여물지 않은 벼.

마디 절
竹 대 죽　卽 곧 즉

사람의 팔과 다리의 마디.

유난히 덥고 길었던 가을의 끝자락, 코끝이 시려워지기 시작한 어느 밤이었다. 살랑이는 바람을 맞으며 함께 산책하던 남편이 문득 말했다.

"우리의 계절이 돌아왔어."

더위에 유독 약한 우리에게, 이렇게 찬 바람이 부는 밤은 자유롭게 움직일 수 있는 시간이 찾아왔다는 신호였다. 사람들에겐 뼈가 시리도록 차가운 겨울이, 우리에겐 오히려 답답했던 숨통이 트이는 계절이 된다.

생각만 해도 가슴이 설레는 계절은 언제일까? 나에게는 바로 겨울이다. 겨울을 떠올리기만 해도 모든 순간이 설레고 포근해진다. 폭닥폭닥 눈이 쌓인 거리를 바라보며 따뜻한 집 안에서 새콤달콤한 귤을 까먹고, 김이 모락모락 나는 차 한 잔을 마시는 상상만으로도 천국이 따로 없다.

같은 날씨 아래, 같은 공간에 있어도 각자가 느끼는 온도와 감정은 참 다르다. 무더운 여름이면 추운 나라로 도망가고 싶은 내가 있는가 하면, 화이트 크리스마스를 피해 따뜻한 나라로 떠나는 사람도 있다. 이렇듯 계절을 대하는 마음은 모두 다르다.

'계절季節'은 '계절 계季'와 '마디 절節' 자로 이루어진 단어다. 고대 문자를 보면 '계季' 자는 '벼 화禾'와 포대기에 싸인 어린아이를 형상화한 '아들 자子'가 결합된 글자다. 이는 요람에 누워 있는 아기, 혹은 완전히 자라지 않은 벼를 뜻하며, 후에 계절이라는 의미로 확장되었다.

'절節' 자는 대나무를 본뜬 '죽竹'과 식기 앞에 무릎 꿇은 사람을 그린 '즉卽' 자가 합쳐진 글자로, 대나무의 마디처럼 '구분된 시기', 즉 '철', '절기'를 나타낸다. 그러므로 '계절'은 한 해 동안 되풀이되는 자연의 변화를 기준으로 나눈 시기, 시간 단위를 뜻한다.

사계절이 있는 나라에 살고 있는 나는, 그동안 오직 봄만이 새로운 시작을 뜻하는 계절이라고 여겨왔다. 하지만 한자의 뜻을 들여다보니, 모든 계절이 저마다의 방식으로 우리에게 새로움을 전하고 있다는 사실을 알게 되었다. 그러니 계절마다 느껴지는 설렘과 기쁨이 누구에게나 다르게 다가온다는 사실은 어찌 보면 당연한 것이다.

우리의 인생도 계절처럼 흘러간다. 누구에게나 어울리는 계절이 있다. 자신의 계절을 때로는 무심코 지나치더라도 결국 봄도, 여름도, 가을도, 겨울도 다시 돌아온다. 그러니 자신의 계절이 오지 않았다고 조급해하거나, 이미 지나갔다고 낙담할 필요는 없다. 여러 계절을 겪는 것 자체가 삶의 묘미다.

그토록 두려웠던 여름이, 창밖에 찬란하게 무성한 나뭇잎들과 추적추적 내리는 비 덕분에 낭만으로 느껴지는 것처럼, 지나간 하루하루를 들여다보면 죽을 만큼 싫었던 계절의 모든 순간이 지옥만은 아니었다. 그렇게 계절을 하나씩 겪어가며, 우리는 자신에게 가장 잘 맞는 온도를 알아가게 된다.

봄에는 달콤한 딸기를, 여름에는 시원한 수박을, 가을에는 아삭한 사과를, 겨울에는 새콤달콤한 귤을 가장 맛있게 수확할 수 있듯, 삶 또한 씨를 뿌리고 물을 주며 잘 가꿔나가다 보면 결국 나에게 꼭 맞는 시기가 찾아올 것이다.

나는 올해도 다가오는 겨울을 더 잘 보내기 위해 월동 준비를 하려 한다. 언젠가 내가 가꿔온 것들이 무르익는 순간, 분명 나만의 계절이 도착해 있을 것이다.

**남들과 다른 속도로 피어나는 자신을,
당신은 얼마나 인정하고 있나요?**

나는 완벽完璧하지 않기로 했다

◆ 완벽 ◆
흠 없는 구슬이라는 뜻으로 결함과 부족이 없는 완전을 이르는 말

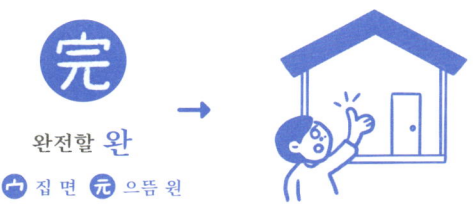

완전할 완
宀 집 면 元 으뜸 원

집을 튼튼히 잘 지은 모습.

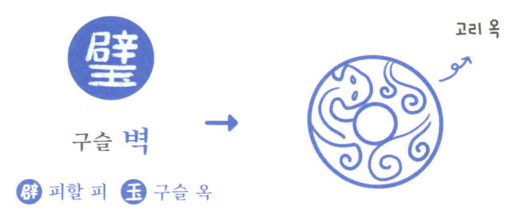

구슬 벽
辟 피할 피 玉 구슬 옥

가운데에 구멍이 뚫린 모양의 옥.

어느 날, "게으른 사람 중에는 완벽주의 성향을 가진 이들이 많다"는 오은영 박사님의 영상을 보게 되었다. 자신의 기준이 너무 높아 조금만 미치지 못해도 실패로 여겨 주저앉아 버리는 모습이, 마치 게으른 사람처럼 보일 수 있다는 이야기였다. 그 말이 마치 내 얘기 같았다.

세상엔 나보다 대단해 보이는 사람들이 너무 많았다. 그래서 자주 자신감을 잃었고, 공들여 만든 작업물도 하루만 지나면 초라하게 느껴져 세상에 내놓지 못한 채 숨겨버린 날들이 많았다. 나는 다양한 일을 경험했다고 자부했지만, 그것들이 오히려 얕고 넓은 경력처럼 보여 나를 '어느 한 분야의 전문가가 아닌 사람'으로 느끼게 만들었다. 그래서 사람들 앞에서는 그저 아무것도 하지 않은 '자유로운 영혼'이라며 자신을 소개하곤 했다. 겉으로는 애써 밝게 웃었지만, 속으로는 늘 다른 사람들의 능숙한 모습이 부러웠다. 내 눈에 완벽하게만 보이는 그들도 분명 서툴던 시절이 있었을 텐데 말이다. 그런데 과연, 이 세상에 '완벽한 사람'은 존재할까?

'완벽完璧'은 '완전할 완完' 자와 '구슬 벽璧' 자로 이루어진 단어다. 고대 문자 해석에 따르면, '완完'은 '집 면宀'과 '으뜸 원元'이 결합된 글자로, '집을 으뜸으로 튼튼하게 잘 지었다'는 뜻에서 유래해 '완전하다', '끝내다', '다스리다'의 의미를 지닌다. '벽璧'은 옥을 나타내는 '옥玉'과 음을 나타내는 '피할 피辟'가 결합한 글자로, '가운데에 구멍이 뚫린 모양의 옥'을 뜻한다. 즉, '완벽'은 흠이 없는 옥, 결점 없는 완전함을 의미한다.

고대 중국에서 옥은 영원함과 불멸을 상징했다. 단단해서 깨뜨려 가공하기 어려운 만큼, 아주 오랜 시간 동안 조금씩 갈고 닦아야만 완성할 수 있었다. 그런 옥 장식품을 왕에게 바치기 위해 혼신의 힘을 다해 만든 완성품은 얼마나 정교하고 아름다웠을까. 하지만 아무리 정성 들여 만든 옥이라 해도, 보는 사람의 관점에 따라 다른 장인의 옥이 더 아름다워 보일 수도 있고, 시간이 흘러 기술이 발전하면서 나중에 만든 옥이 더 정교할 수도 있다. 그렇다면 세상에 완벽한 옥은 정말 존재할 수 있을까?

가장 중요한 것은 만든 사람의 만족감과 자신에 대한 믿음이다. 아무리 다른 사람이 완벽하다고 말해도, 내가 만족하지 못하면 그것은 나에게 완성품이 아니다. 그렇다고 흠을 잡으며 계속해서 다듬다 보면, 오히려 그 소중한 옥이 깨져버릴 수도 있다. 언제 마무리를 지어야 할지는 결국 만든 이의 몫이다. 누구보다 완벽하게 만들고 싶은 사람은 바로 옥을 빚는 장인이니까. 결국 '완벽完璧'이란 단어는 자기만족에서 비롯된 것이 아닐까?

하지만 나는 자주 완벽함을 다른 사람의 기준에 맞추고, 나와 그들의 능력을 비교하며 스스로를 괴롭혀왔다. 물론 약간의 자극은 성장에 도움이 되기도 한다. 그러나 내 한계를 훌쩍 넘어서는 이상만 좇다 보면, 오히려 내가 부러져 버릴 수도 있다. 작업물을 SNS에 올리기 전 나는 수천 번 고민한다. 열심히 만든 결과물일수록 더 망설여진다. 훌륭한 작가들의 작품을 보면 내 작업은 한없이 초라해 보이고, 점점 기준만 높아져 결국 올리지 못한 작업들이 메모리에 쌓여갔다.

그러던 어느 날, 문득 이런 생각이 들었다. 두려움 때문에 세상에 내놓지 않으면, 그 작업은 영원히 완성될 수 없다는 것을. 그때부터 다른 사람의 작업은 일부러 눈에서 멀리하고, 내 안의 좋은 점을 찾아가며 자신감을 되찾기 위해 애썼다. 이번에는 단지 누군가에게 보여주고 싶다는 소박한 마음으로 게시 버튼을 눌렀다. 그 순간 속이 후련했다. 막상 올리고 나니 부족해 보였던 부분들이 더 이상 눈에 들어오지 않았다. 무엇보다도 나 자신이 자랑스러웠다.

그때 깨달았다. 내가 나 자신에게 최선을 다했다고 인정해 준다면, 그것보다 더 완벽한 건 없다는 것을. 대부분의 사람들이 무언가를 완벽하게 해내고 싶어 하는 이유도 결국 스스로 만족감을 느끼고 싶어서가 아닐까?

이제 나는 완벽함을 하루하루 잘 갈고 닦아가는 과정에 초점을 둔다. 하늘 아래 똑같은 옥 장식품이 없듯이, 우리 모두 자신만의 속도로, 자신만의 방식으로, 자신만의 벽璧을 완성해나가면 좋겠다. 그래서 나는 완벽하지 않기로 했다.

부족한 나를 받아들이는 일이 어쩌면
가장 용기 있는 선택일지 모릅니다.
당신은 어떤 삶을 살고 싶나요?

나에게도 조금은 관대寬大해지기

◆ 관대 ◆
마음이 크고 넓어 포용력이 있음

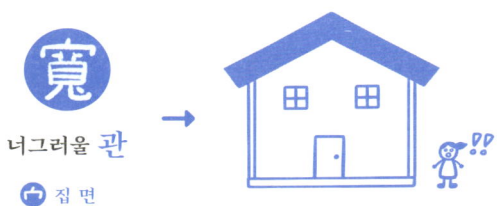

넓고 커다란 집.

양팔을 크게 벌린 사람.

"그럴 수 있지."

이 말은 내가 자주 내뱉는 말버릇이다. 누군가 실수를 하거나, 예상치 못한 상황에 처했을 때, 혹은 쉽게 이해되지 않는 말을 할 때면, 나는 이 한마디로 상대를 최대한 받아들인다. 무심하게 들릴지 몰라도 매 순간 내 마음은 진심이었다. 그런데 이상하게도 이 말은 나 자신에게는 좀처럼 건네지지 않는다. 타인에게는 한없이 관대하려 애쓰는 내가, 왜 나에게만큼은 그토록 야박할까?

'관대寬大'는 '너그러울 관寬' 자와 '클 대大' 자로 이루어진 말이다. 고대 해석에 따르면 '관寬' 자는 '집 면宀'과 발음을 나타내는 '산양 환萈'이 결합된 글자로, 넓고 커다란 집을 뜻한다. 즉, '너그럽다', '관대하다'는 의미를 지닌다. '대大'는 양팔을 활짝 벌린 사람의 형상에서 유래했으며, '크다', '훌륭하다' 등의 뜻을 담고 있다. 결국 관대는 마음이 넓고 크다는 것, 사소한 일에 얽매이지 않고 다른 사람을 너그럽게 받아들이는 태도를 의미한다.

문자 그대로 넓고 큰 마음. 나는 그런 마음을 가진 사람이 되고 싶었다. 다양한 것을 수용하고, 다름을 이해하며, 쉽게 화내지 않고 웃으며 넘길 줄 아는, 여유로운 사람. 말하자면, 이른바 '쿨한 사람'처럼 보이고 싶었던 것 같다. 하지만 쿨은 개뿔이었다. 돌이켜보면, 나는 오히려 나 자신에게만 지나치게 엄격했다. 스스로에게 높은 기준을 들이대고, 작은 실수에도 괴로워하며, 너그러움과는 거리가 먼 태도로 나를 몰아붙였다.

다른 사람을 품기 위해 애써 넓혀온 내 마음 안에서, 정작 나는 가장 구석진 자리에 서서 외면당하고 있었다. 생각해보면 좀 억울하다. 그 넓고 큰 내 마음 안에는 많은 것을 품어왔는데, 왜 나는 그 안에 끼지 못했던 걸까? 이제라도, 그 마음 안에서 나 자신도 좀 더 너그럽게 뒹굴게 해줘야 하지 않을까? 때로는 실수해도 괜찮다고, 부족해도 괜찮다고 말이다. 내 관대함을 타인에게만 베풀 게 아니라 나 자신에게도 나누어야 한다. 그러니까, 이제는 나에게도 "그래, 그럴 수 있지"라고 말해주자. 진심을 다해 고개를 끄덕여주자.

**내 마음 안에서 '나 자신'은 지금 어떤 자리에 서 있나요?
중심인가, 구석인가요?**

마무리하며
그래, 변하는 게 당연한 거지

◆ 제법무아 ◆

세상 모든 것은 여러 조건과 인연이 만나 잠시 그 모습을 이룬 것일 뿐,
고정 불변하는 '진정한 나'의 실체는 존재하지 않는다는 생각

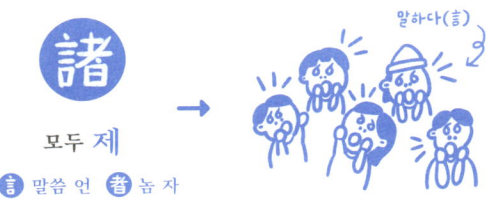

많은 이들에게 말하는 모습.

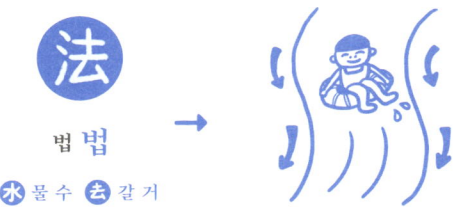

위에 있는 물이 아래로 흐르는 것은 당연한 순리.

신 앞에서 무아지경으로 춤을 추는 무당.

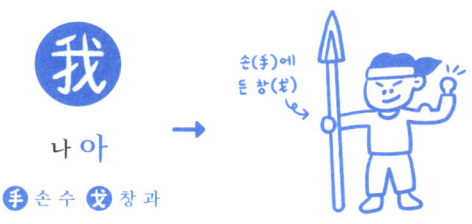

나와 우리를 지키는 사람은 바로 나 자신.

나는 늘 변해 왔다. 시간의 흐름 속에서 함께 있는 사람이 달라지고, 처한 상황이 바뀔 때마다 나의 모습 또한 조금씩 달라졌다. 어떤 날은 부모님의 딸로, 또 어떤 날은 누군가의 아내로 살아갔다. 때로는 친구이자 동료, 그저 스쳐 지나가는 행인에 불과하기도 했다. 역할에 따라 달라지는 나를 마주할 때마다, 마음 한켠에서는 묘한 혼란이 일곤 했다. 도대체 나는 누구일까? 종교를 가진 사람은 아니지만, 어느 날 불교의 '제법무아諸法無我'라는 사상을 접했을 때, 그 혼란이 조금씩 이해되기 시작했다. 모든 것은 고정된 실체가 없다는 이 단순한 말이, 나라는 존재가 끊임없이 변해 온 이유를 설명해주는 것만 같았다.

제법무아는 '모든 것에는 고정된 자아가 없다'는 뜻이다. '모두 제諸' 자는 많은 이들에게 말하는 모습을 나타낸 글자로, '여러' 또는 '모든'이라는 의미를 지닌다. '법 법法' 자는 물이 자연스럽게 흐르듯 질서와 이치를 따르는 모습을 담고 있으며, 여기서 규범이나 기준, 방법 등의 뜻이 파생된다. '없을 무無' 자는 무아지경에 빠진 무당의 모습을 형상화한 글자로, '없다', '아니다'라는 의미를 지닌다. 그리고

'나 아我'자는 창을 손에 쥐고 자신과 주변 모두를 지키는 모습으로, '자기', '나'를 뜻한다. 그렇게 볼 때, 제법무아는 곧 세상 모든 것이 여러 조건과 인연으로 만나 잠시 그 모습을 이룬 것일 뿐, 고정 불변하는 '진정한 나'의 실체는 존재하지 않음을 의미한다. 이는 극단적으로 '나는 없다'는 부정이 아니라, '영원히 변하지 않는 실체로서의 나는 존재하지 않는다'는 불교의 무아無我 사상을 드러내는 표현이다.

이 사상을 접하고 나서 나는 아무도 나를 완전히 정의할 수 없다는 생각에 다다랐다. 심지어 나 자신조차도 나를 하나의 형태로 규정할 수 없었다. 마치 컵에 물이 반쯤 차 있을 때, 그것을 '많이 남았다'라고도, '조금 남았다'라고도 말할 수 있는 것처럼, 나라는 존재 역시 바라보는 시점과 관점에 따라 달라질 수밖에 없는 것이다. 그 사실을 받아들이고 나서야 혼란스러웠던 마음이 차츰 진정되었다. 내가 누구인지, 어떤 사람인지 명확히 고정할 수 없다면 그 대신 행복한, 소중한, 즐거운 감정의 조각들을 모아보는 건 어떨까? 그 모은 조각들로 빚어낸 나침반을 지표 삼아 나만의 기준을 세우고 살아간다면 어떤 모습이든 나는 결국 나로서 살아갈 수 있을 것이다.

그러니 이제는 스스로를 얽매던 이름표들을 잠시 내려두자. 그리고 지금 이 순간의 나로서 조금 더 자유롭고 너그럽게 살아가 보자. 그리고 흔들리는 마음을 다잡아준 감사한 이들에게 편지를 써보는 건 어떨까?

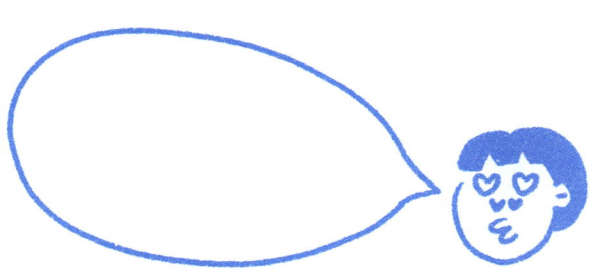

흔들리는 날에도 마음은 자란다
서툰 나를 보듬는 한자의 위로

초판 1쇄 인쇄 2025년 7월 15일
초판 1쇄 발행 2025년 7월 25일

지은이 디지현

펴낸이 이준경
책임 편집 이주형
책임 디자인 정미정
펴낸곳 지콜론북

출판등록 2011년 1월 6일 제406-2011-000003호
주소 경기도 파주시 문발로 242, 영진미디어 3층
전화 031-955-4955
팩스 031-955-4959
홈페이지 www.gcolon.co.kr
인스타그램 @g_colonbook

ISBN 979-11-91059-69-4 03810
값 17,000원

이 책은 저작권법에 의해 보호를 받는 저작물이므로 무단 전재와 복제를 금합니다.
또한 이미지의 저작권은 작가에게 있음을 알려드립니다.
The copyright for every artwork contained in this publication belongs to artist. All rights reserved.

잘못된 책은 구입한 곳에서 교환해 드립니다.
지콜론북은 예술과 문화, 일상의 소통을 꿈꾸는 ㈜영진미디어의 출판 브랜드입니다.